みんなの家事日記

これからの、シンプルで丁寧な暮らし方。

JN248790

SE
SHOEISHA

スペシャルインタビュー

〝掃除嫌い〟の家事えもんさんが、家事の達人と呼ばれるようになったわけ。

お掃除グッズを通して知る、自分なりの家事の楽しみ

〝家事えもん〟の愛称で親しまれ、家仕事の達人としてテレビや雑誌で活躍する松橋周太呂さん。ところが、元々面倒くさがりな性格で、意外なことに、今でも掃除があまり得意ではないのだとか。

「僕が一人暮らしを始めたのは十数年前。当時はいかにも〝男の一人暮らし〟という感じで、かなり雑然とした空間で暮らしていました（笑）。そんなときに、たまたま立ち寄った東急ハンズで、少し値が張るけど効果の高そうな洗剤を見つけたんです。とにかくズボラだった僕は、この洗剤が救世主になることを祈って即購入。それが、僕が掃除グッズにハマったきっかけでした」

PROFILE DATA
松橋周太呂
Matsuhashi Syutaro

よしもとクリエイティブ・エージェンシー所属のお笑い芸人。趣味である家事のテクニックが話題となり、「家事えもん」として活躍する。掃除能力検定士５級、ジュニア洗濯ソムリエ。著書に『すごい家事』（ワニブックス）など。

インタビュー・文＝荒井奈央（MOSH books）　写真＝木村文平

松橋さんが手に取った洗剤は、スーパーやドラッグストアではあまり見かけないもの。その絶大な効果と、使用後のビフォーアフターに度肝を抜かれる思いだったそう。

「元々、東急ハンズはコントの衣装や小道具を購入しによく足を運ぶ場所。生活用品においても、とにかく掃除グッズが豊富なんですよね。実演販売士の方のパフォーマンスも見ごたえがあるし、『なぜ汚れが落ちるのか？』を調べるのもおもしろい。気付けば掃除グッズの世界にすっかりハマってしまいました。掃除を楽しみながらコツコツ取り組むのは素晴らしいことですが、根っからの面倒くさがりである僕には無理。だから、掃除上手になるよりも、便利なアイテムを駆使して効率よくこなすことをがんばろうって思ったんです」

松橋さんの掃除スタイルを一言で表すなら、効率重視。「毎日コツコツ」や「ゴシゴシ擦り」をできるだけ避け、ちょっとした技やアイテムを使ってラクに汚れを落とす方法を数多く実践、提案しています。

「掃除を好きになれないなら、無理に好きになる必要はないと感じています。逆に、僕のようにズボラな方は、専門的な掃除グッズを使いこなす素質があるかも(笑)。そうした掃除グッズは、いわば汚れ落としのプロが情熱を注いだ作品なので、時短や手軽さ、コスパの面においてとても優秀なものばかり。『掃除は好きになれないけど、あのアイテムを使うのだけは楽しい』。ひょっとしたら、そんなきっかけで自分なりの掃除の楽しさを見い出せるかもしれません」

松橋さんといえばお料理が得意なことでも知られていますが、おもてなしの際にも、その〝効率のよさ〟が活かされているのだとか。

「例えば、しゃぶしゃぶを家でごちそうする場合、僕はお肉じゃなくて調味料にこだわるんです。高いお肉の代わりに、高級ポン酢やトリュフ塩を用意する。その方がコスパも優れていますし、来てくれた人のリアクションも抜群に良くておすすめです(笑)」

「大掃除は夏にやったっていい。自由な発想が、もっと家事をおもしろくするんです！」

お家にあったら便利！そう言われるようなアイテムをつくってみたい

「大掃除は年末に行うものですが、僕が提案したいのは夏休みの大掃除。油汚れなどは気温の高い夏の方が落としやすいですし、換気や冷たい水で洗う作業も、夏の方が断然やりやすいですよね。それに加え、年末はただでさえ忙しい時期で、大掃除を煩わしく感じられる方も多いでしょう。そこでこれからは、『夏休みに大掃除、年末はプチ掃除』をスタンダードに！　お子さんがいらっしゃるご家庭ならなおさら、一緒に楽しく大掃除に取り組めると思います」

掃除や料理はこうでなくちゃいけない。そんな固定概念を取り払ってくれるような自由な発想が、松橋さんの家事のスタイルの魅力のひとつかもしれません。最後に、今後の目標をお伺いしました。

「今、自分が『あったらいいな』と思うものを形にできたらおもしろいなと思っています。最近では、面倒くさがりが極まって、最初から汚れが発生しづらいアイテム探しにハマってるんです(笑)。例えば、通気性がよい歯ブラシフォルダーや、カビにくいスポンジスタンドなど……。そんな、僕のように掃除が苦手な方に『便利だな』と思っていただけるようなアイテムを発信できたら、素敵ですよね」

CONTENTS

みんなの家事日記

料理研究家

冨田ただすけさんのずっと記憶に残る家族の食卓

PROFILE DATA

冨田ただすけ

Tomita Tadasuke

食品メーカー開発職や日本料理屋での修業を経験した後、料理研究家へ。“いちばん丁寧な和食レシピサイト”として有名な「白ごはん.com」の運営を通じて、“素朴だけど記憶に残るごはん”の素晴らしさを広める。『冨田ただすけの和定食』(学研パブリッシング)など著書多数。
https://www.sirogohan.com/

冨田さんの代名詞ともいえる、シンプルな和定食。家にある食材で手軽につくれ、毎日飽きずに食べられるものばかりです。ご飯の炊き方はいろいろあるけれど、冨田さんが一番好きなのは文化鍋で炊いたご飯。もっちりしすぎず、あっさりしすぎず、おかずに合う絶妙なバランスの白ご飯が炊けるのだそう。

体にじんわりとしみ込むような、和食の魅力を伝えたい

お料理が好きな方なら、「白ごはん.com」というサイトを一度は目にしたことがあるでしょう。約600もの和食レシピに加え、だしの取り方から野菜の切り方、おいしそうに見える盛り付け方まで、とにかく情報が盛りだくさん。サイト運営者である冨田さんの、和食への並々ならぬ愛情が伝わってくるようです。

「和食は手間がかかると思われがちですが、やり方次第でとても手軽で身近な料理であることを伝えたくて、10年前に『白ごはん.com』をスタートさせました。体にじんわりとしみ込むようなおいしさや、素朴ながらもホッとする味わい。そんな、手づくりの和食ならではの魅力を、ずっと日本の食卓に残していけたらと思っています」

現在は、料理研究家として、また「白ごはん.com」の運営者として忙しい毎日を送る冨田さん。大手食品メーカーや調理師専門学校、日本料理店とさまざまな場所で経験を積み、現在の和食スタイルにたどり着きました。

「サラリーマン時代は加工食品の研究開発をしていて、食品の味付けからブランディングまで幅広い業務に携わらせてもらいました。つくりやすいことの大切さやしっかりした味

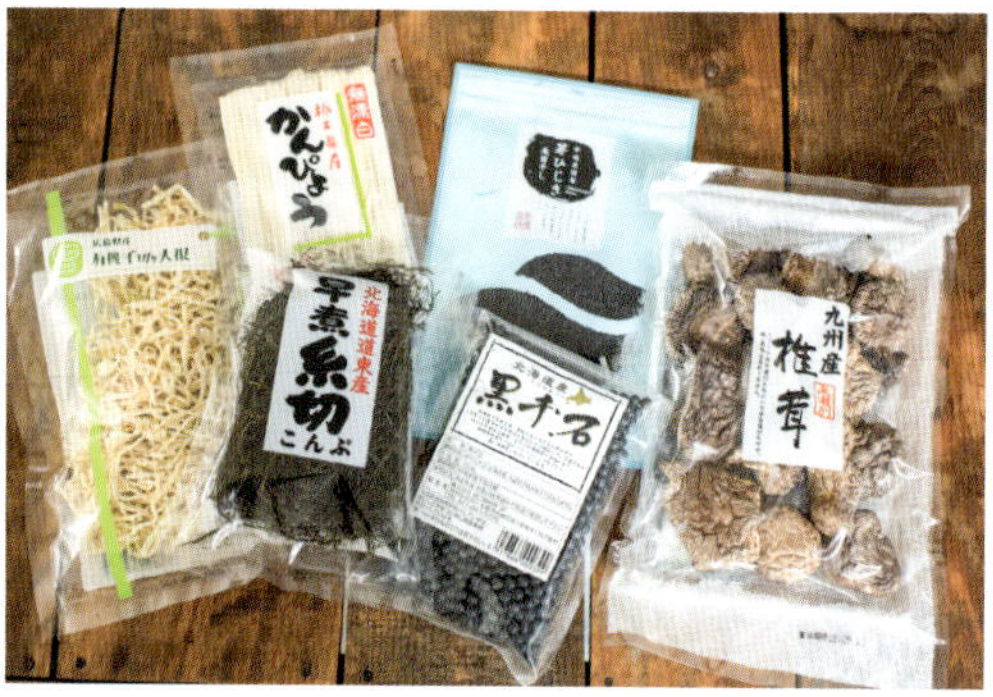

和食に欠かせない乾物は、常時ストックを冷凍庫に保存。切り干し大根やかんぴょうなどは色が変わりやすいため、乾物でも冷凍保存がダンゼンおすすめ。炊いてから冷凍すれば、サッと一品加えられて便利。

南高梅や古城梅など、品種の違いも楽しみながら毎年取り組んでいる梅の手仕事シリーズ。梅は扱いやすいので、保存食の入門編としておすすめ。赤シソを天日で干して砕いた手づくりのふりかけは、娘さんとの共同作品。

「手間をかけることは、何かと向き合うこと。そこで得られる発見が料理をおもしろくするんです」

のつけ方など、現代の食の在り方についてのさまざまなことを学び、それは『白ごはん.com』でも活かされています。一方で、加工食品の必要性を感じながらも、自分の目と舌で素材と味を確かめられる手づくりの魅力もしっかりと伝えなければならないと感じました。加工食品の研究開発と日本料理店、その両方で積んだ経験を活かし、より実践しやすい家庭料理を発信できたらと考えました」

五感を使って、素材や味をきちんと確かめる。忙しい毎日の中では手間に感じることもあるかもしれませんが、そうしてつくられたご飯が食卓に並ぶとき、私たちはとても幸せな気持ちになります。

「加工食品を上手に活用しながらも、献立の中でどれかひとつに手間をかけてみてはどうでしょう。例えば、新米の季節に鍋炊きをすればそれだけでごちそうになるし、だしをきちんと取れば味噌汁もグッとおいしくなる。その過程において、ご飯を炊く鍋のグツグツする音に耳をすませたり、インスタントと天然だしの風味の違いを比べてみたりと、さまざまなアクションが発生します。つまり、料理に手間をかけることは、何かとじっくり向き合うことなんですよね。忙しい現代において、何かと向き合うことに費やす時間が、料理ができたときの満足感や暮らしの豊かさにつながるのではないかと思います。そして、そこで得た自分なりの発見や感動が、料理をもっとおもしろくするのです」

左／冨田さんが学生時代から続けている器集め。凛とした存在感を放つ水屋箪笥に、たくさんの和食器がスッキリと収納されています。色やサイズでざっくりと分けて、お料理のときも撮影のときもサッと取り出しやすく。右／調理器具は「大は小を兼ねない」のがこだわり。用途に適したサイズが必ずあるので、まな板もボールも食用品ラップも、大・中・小と一通りのサイズが揃っています。

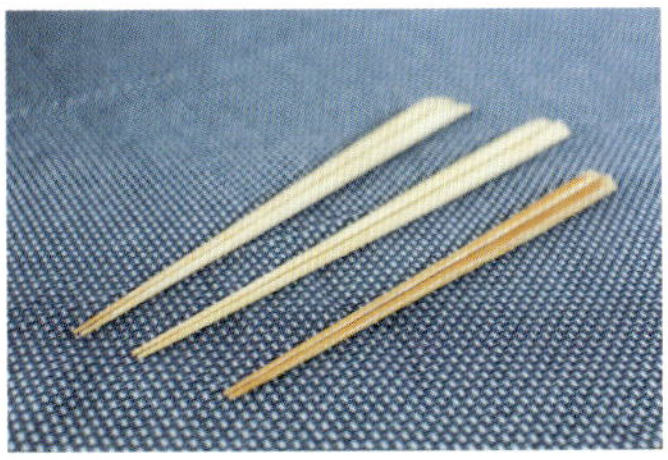

普通の箸よりも先端が細い盛り付け箸。料理の盛り付けや食材の移動などをより繊細に行えるため、重宝しているそう。冨田さんは、竹の切り出し方が異なるものや長さの違うものなど3種類を使い分け。

日本料理店の厨房には必ずといっていいほどあるやっとこ鍋。取っ手がないから洗いやすく、冷蔵庫にもすんなり収まる収納性の高さで、意外と家庭向きなのだそう。軽くて熱伝導性が高いアルミ製のものがおすすめ。

衛生的に、かつ最小限の洗い物ですむように、さまざまなサイズのまな板を常備。ネギを刻んだり、お肉を切ったりするときに、用途に合わせて使い分けられると便利です。冨田さんのお気に入りは「woodpecker」「東屋」のもの。

愛用品があれば、台所がもっと楽しくなる

現在は、愛知県に作業場としてのキッチンスペースを構える冨田さん。そこに置かれた調理器具や器の数々についてお伺いしました。

「和食に欠かせない調理器具は、何といっても雪平鍋です。軽量でだし取りなどの作業がしやすく、底が丸いので煮汁が対流しやすいというメリットもありますので、デイリーユースにとてもおすすめです。また、まな板は、イチョウの木でつくられたものを愛用しています。食材の色やニオイが移りづらく、なんでも、傷の復元力が高いのだとか。つい先日、使い込んだまな板の削り直しに行ったのですが、お店の方に『イチョウ素材のまな板が、削り直しの回数が圧倒的に少ない』と教えてもらいました」

調理器具はもちろん、器やテーブルまわりの雑貨においても、長く大切に愛用されているのが見受けられます。

「器は学生時代から集めているので、年季が入っているものもちらほら。好きな作家さんの器はもちろん、通販や骨董市、それから近所の金物屋さんで購入することもあります。この金物屋さんが、かなりの穴場スポット（笑）。ほかではなかなかお目にかかれない、レトロでほっこりするデザインのものを安く購入できるので、足繁く通っています。器が持つ季節感を大切にしながら、『どんな器を合わせようか?』と考えるのも、とても好きな時間です」

「口下手だから、
料理が愛情表現。
相手のことを考えて台所に
立てるのは、幸せなことです」

手づくりの家族の食卓には、人と人をつなぐ力がある

家族ができてから、料理への向き合い方が大きく変化したという冨田さん。つくる楽しさや食べる喜びを通じて、冨田さんが改めて感じる料理の魅力とは、どんなことなのでしょう。

「実は、僕、すごく口下手なんです（笑）。娘と接するときは、思うことを素直に伝えられないことも多くて。そんな僕にとってベストの愛情表現の方法が、料理なんですよね。娘の食べたいものをつくってあげたり、学校行事は僕がお弁当を担当したりすることで、普段はなかなか口に出せない思いが伝わればうれしいなぁと。そういう意味では、僕にとって、料理は家族のコミュニケーションツールのひとつかもしれません。あれが好きだからつくってあげようとか、体調が悪いからこんなものを入れてあげようとか、相手のことを考えて台所に立てるのは幸せなことです。そして、心のこもった料理は、ずっと人の記憶に残るもの。娘が大人になったときに、わが家の食卓を通じて何かを感じてくれればいいなと思っています」

今日は大切な人と、ゆっくりご飯を食べたい。そんな気持ちになるような、冨田さんの素敵なお話でした。

基本のレシピ

冨田さんといえば、やっぱり白ご飯！　和食に外せないご飯の炊き方と、定番の切り干し大根の煮物の冨田流レシピをご紹介。鍋炊きは、浸水すればそこから20分で炊けてしまうので、意外と手軽に取り組めます。なお、工程6で水分が残っているようなら、様子を見ながら追加で1〜2分単位で火にかけましょう。

鍋炊きごはん

材料

- 米……2合
- 水……450mℓ

1

米を研いでしっかりと水を切り、分量の水と一緒に鍋に入れ、浸水させる。

2

浸水時間は夏は30分、冬は1時間が目安。米が白濁しているのを確認する。

3

鍋を火口の中央に置いて、中火にかける。

4

蓋から泡がこぼれ出て沸騰を確認できたら、そのまま2分放置。

5

2分経ったら少し火を弱めて3分、続けて弱火にして5〜7分炊く。

6

蓋を開けて水分が残っていなければ、そのまま10分蒸らして完成。

切り干し大根の煮物

材料

- 切り干し大根……25g
- 人参……⅓本
- 油揚げ……小1枚
- だし汁……200mℓ
- サラダ油……小さじ½
- 醤油……大さじ1
- みりん……大さじ1
- 砂糖……小さじ1
- ゆでた絹さや……好みで少々

1

切り干し大根をサッと洗ってから、水に20〜30分つけてふっくらと戻す。

2

戻している間に野菜を切る。人参は太めの千切り、油揚げは細めの短冊に。

3

戻した切り干し大根を絞る。この後に炒めるので、しっかりと水気を切って。

4

だし汁の半量を、切り干し大根の戻し汁にしても◎。大根の甘みがたっぷり。

5

鍋にサラダ油を中火で熱し、人参と切り干し大根を1分ほど炒める。

6

鍋にだし汁と油揚げを入れる。

7

醤油、みりん、砂糖を入れ、軽く混ぜ合わせる。

8

弱火にして落し蓋をし、10〜15分ほど煮る。

9

鍋底にうっすらと煮汁が残るくらいで火を止める。絹さやを入れて完成。

整理収納アドバイザー

Emiさんが考える、家族みんなが暮らしやすい空間のつくり方

がんばりすぎず、でも前向き
〝ちょうどいい〟がテーマのリビング

整然としているのに、なんだかとても親しみやすい空間。整理収納アドバイザーであるEmiさんのお宅のリビングに訪れたら、誰もがそんな印象を抱くのではないでしょうか。

「家族の幸せは、暮らしの基本となる『家』から生まれるもの。そして、みんなが集まるリビングは、そのベースとなる場所です。整理整頓しておくことも必要ですが、一番大切なのは、居心地がいいと思えること。自分たちの理想の住まいについて思いをめぐらせ、

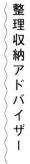

ツイード製で汚れが目立たず、そのうえカバーが洗える万能ソファは10年選手。落ち着いた色合いのグリーンにペイントした壁との相性も抜群です。

リビングには、床でくつろげるローテーブルを採用。椅子がない分スペースを広々と使え、友人を招いたときには席数を気にしなくていい利点もあります。

PROFILE DATA

Emi

Emi

整理収納アドバイザーとしてセミナーや商品プロデュースで活躍するほか、双子のママとしても奮闘中。「みつかる。私たち家族の『ちょうどいい』暮らし。」をコンセプトに、2012年「OURHOME」を設立。『OURHOME 子どもと一緒にすっきり暮らす』（ワニブックス）など多数の著書がベストセラーに。
Instagram「@ourhome305」
https://ourhome305.com/

型にはまらず、いろいろな工夫をこらすことがとても好きです」

例えば、Emiさんのお宅にはダイニングテーブルがありません。床に近い方が気持ちよく過ごせるというみんなの意見から、ローテーブルとソファを選択。食事ものんびりと過ごす時間もすべてこのスタイルで、とても快適に過ごせているそうです。

「派手すぎず、シンプルすぎない。機能的でありつつ、デザインも親しみやすい。その"ちょうどよさ"がわが家のテーマなんです。家事や子育て、仕事に関しても同じこと。毎日お掃除を完璧にこなすのは難しいので、放り込み収納やたたまない収納など、ざっくりとしたお片付けが基本です。そして、何をするにも家族を巻き込む（笑）！ できるだけ少ない手間で生活を回すためのアイデアを出し合い、ときには役割分担しながら、みんなが暮らしやすい空間づくりを目指しています」

ローテーブルなどの家具や雑貨を購入する際にも、必ず家族で相談するのがルール。家族が家具や収納に興味がなくても、選択肢を提案することで、関心を持ってもらうようにするのがコツなのだそう。

「家具選びなどは、子どもが小さくても『この色とそっちの色、どっちがいい？』と聞いて、"自分が決めた"と達成感を持たせることも大切だと考えます。自分たちで壁を塗ったり、タイルカーペットに貼り替えたりしたのも、家により愛着がわいて気に入っています」

表紙が見えて本をサッと取り出しやすい雑誌ラックは、元々お子さんの絵本棚として使っていたもの。今では、家族それぞれが好きな雑誌や本をランダムに置き、気になった本を手に取れる家族みんなの本棚に。

おもちゃはリビングの「桐のはこ」に収納。「オセロ」などのラベリングは、すべてお子さんによるもの。「おもちゃの収納に関しては子どもなりのルールがあるので、なるべく大人が口を出さないようにしています」

お子さんの服はすべて洗面所の「身支度ロッカー」で管理。毎日の服選びから洗濯後の服の収納まで、すべて8歳のお子さん自らがやっているというから驚き！「身支度ロッカー」というネーミングもわくわくします。

好きなときに見返せるように、アルバムはリビングに置くのがEmiさんのこだわり。1年に1冊、厳選して「とっておきアルバム」を制作するそうです。へその緒などを収納した「メモリアルボックス」も一緒の場所に。

おもちゃの収納は、子どもたちのルールを尊重する

シンプルでおしゃれ。でも、ちゃんと家族が住んでいる気配を感じられる家。お子さんのおもちゃやアルバムなどをあえてリビングの目につく場所に収納しているのは、Ｅｍｉさんならではの空間づくりです。

「リビングが子どもの遊び場なので、サッと手の届くところにおもちゃを置きたい。でも、片付けるのが少し手間。そこで、子どもが3歳になったときに『おかたづけ育®』を始めました。よく使うおもちゃとそうでないものを子どもたち自身が分別し、彼らなりのルールを定めて収納するんです。大人が『こんな物いるの？』と思う物でも子どもにとっては大事な遊び道具だったりしますし、取捨選択の作業は人生においても大切なこと。おかたづけ育を通して、いろいろな場面で自主的に考える力が身についてくれればいいなと思っています」

また、家族のアルバムをリビングに置いているのも、Ｅｍｉさんのこだわりのひとつ。「写真は〝残す〟ことではなく、〝それを見ながら家族と話す〟ことが大切」だから、置き場所は断然リビングなのだそう。こうしたＥｍｉさんの自由な発想は、以前お勤めされていた大手通販会社で培われたといいます。

「職場では商品開発を担当していました。す

「自分の“好き”を自由につづるマイノートは、日々の暮らしの中で自分らしさを見つめるきっかけに」

自分の「好き」がたくさん詰まったマイノート。娘さんは近ごろ興味があるというインテリアについて、息子さんは大好きなサッカーについての記述が多いそう。

でにある物に別の角度から光をあて、違う使い方を提案するんです。例えば、洗面用具をキッチンで使ってみたらどうか、同じアイテムでも向きを逆にしたら違う使い方ができるかも……といった具合に、物の活用法をあらゆる視点で考える。だから、家の中で家事や収納のアイデアに頭をめぐらせることも、とても楽しいんです。棚に名前をつけたり玄関に靴置きシールを貼ったりと小さな工夫ですが、生活にすぐ取り入れやすいことばかりです」

こうしたアイデアを掘り起こすのに欠かせないのが、Emiさんが13年も続けているという「マイノート」。日常の気になったことやお気に入りの雑誌の切り抜きなどを自由に記録していく“アイデア帖”です。

「就職したときに始めて、もう50冊以上になりました。折に触れて見返すことで、自分の中の判断軸を再確認できるんです。例えば、今はSNSで、他の人の華やかなライフスタイルを見ることができる素敵な時代です。その一方で、『私には、こんな理想的な生活は無理かも』と、逆にネガティブな気持ちになってしまう方も少なくないと思うんです。そんなときにマイノートがあれば、自分の軸がぶれません。手描きに雑誌のコラージュに……と、かなりアナログな手法ではありますが（笑）、自分が本当に好きなものが見えてくると思います」

近ごろではお子さんたちもマイノートを始め、一緒に書くことも多いのだそう。場所はもちろん、みんなが大好きなリビングで。

1 自分らしい暮らしの工夫

大切な家族と自分のために。
家で過ごす時間を
もっと楽しく、快適に。

KINFOLK

01

ひつじ。さん

hituji

山と海に近い小さな町で季節を大事に

週末、泊まりに来ていた娘家族。2歳の孫がベランダでトマトやブルーベリーの収穫のお手伝いをしてくれました。

Instagram「@hituji212」

以前は人の生活を支える相談と支援の仕事をしながらも、自分自身の帰宅は深夜近くになることもある日々。食生活も乱れていました。そして体調を悪くしたこともあり、娘の結婚を機に今の家に引っ越してきました。

山と海に囲まれた小さな町の浜辺のマンションで、周りには店もほとんどありません。近所の小さな魚屋さんに昼網の魚を、産地直送の店に野菜を買い出しに行く生活が始まりました。今は、豆乳や米粉を使った体にやさしいおやつや献立を考えています。朝採れの新鮮な野菜や、朝、水揚げされた旬の魚のおいしさや季節感を生かした料理、保存食づくりが楽しみです。

ベランダでは、野菜やハーブ、ブルーベリーを育てています。食材を自分で育てて食べる楽しさ。朝食やおやつの時にベランダで、野菜や果実を摘んできたり、窓の向こう側も食卓の続きです。朝採れの新鮮な野菜で、体が喜ぶのがよくわかります。夫婦で「おいしいね。新鮮だね」と食卓に、笑顔と会話が増えました。

3LDKから2LDKの小さなマンションに移ったことで、本当に必要なものだけを残すことができ、シンプルで居心地の良い暮らしへとつながりました。

いちじくジャム。旬を保存ビンに閉じ込めて。我が家の季節のおすそわけをしていきたいです。

週に1回、産直に野菜の買い出しへ。

身体にやさしい献立を心がけています

教育家の佐藤初女さんの食事を参考に、季節感のある、体にやさしい献立を心がけています。鮮度のよい魚と、産直の野菜や放し飼いの鶏。産直品の買い出しの日に、献立を1週間分作って、スケジュール帳に書き込みます。買い出しの日までに、冷蔵庫の食材を使い切るようにしています。

朝、台所で、海から昇る太陽や朝焼けの山を見ながら、旬の食材で料理するのは楽しい時間です。

さつま芋ご飯に秋鮭、秋なす。秋の食卓は、自然のやさしい実りが豊か。

体も心も温まるお茶の時間

朝、目覚めてあまりの寒さに「今日、おぜんざい作ろう」って思いました。寒い寒い冬だからおいしい、おぜんざい。冬という季節を楽しみます。

体も心も温めてくれる、お茶の時間を大切にしています。朝一番のハーブティーや、朝食のドリップコーヒー、午後のお茶のときは、長年、愛用してきた古いお茶道具で薬草茶を淹れたり、お抹茶を点てたりして、体にやさしい簡単手作りおやつをいただきます。

寒い冬だからおいしいおぜんざい。

玄米で七草がゆ

春の七草がゆ。7つの野の草のもつやさしい力で、家族の体を整えます。日本の豊かな自然に囲まれている日々の暮らし。我が家は、玄米で炊きます。素朴な味で、おいしいです。

暮らしの中に季節を取り入れる工夫をいつもしています。散歩の時に摘んだ草花を飾ったり、山歩きで集めた小枝や木の実で作るモビール、お茶の時間のおやつの飾りや夫のお弁当に入れる葉っぱ。そうすることで小さな家の中でも季節を感じることができます。

昔の人は身近な草花で、体調を整えていたんですね。

PROFILE DATA

▼住まい、年代、仕事、家族、趣味
神戸／50代／専業主婦／夫、自分／読書、山登り

▼好きな家事
掃除（家のほこりと一緒に心のほこりも払われて、磨かれていくような気がします）と料理（家族の喜ぶ顔が嬉しいのと、食卓に季節を取り入れるのが楽しい）

▼苦手な家事
書類整理（すぐにためてしまいます）

▼手を抜いているところ
治療もあり、体がしんどいときは家事をしない。掃除は時間が来たら、気になってもやめる。5割できていれば十分としています。

▼きちんとやっているところ
朝9時30分までに、その日の夕食の準備も含めて、家事を終わらせています。

▼日常の中での幸せ
「朝の自分時間」を大切にしています。5時に起き、ベランダで採れるハーブで淹れた、お茶を飲みます。静かなBGMを流しながら読書（クリスチャンなので聖書とエッセイ集です）。そして、家の前の海へ、散歩。また、寝る前に感謝日記（今日のことで、感謝できることを3つ挙げる）をつけています。

▼自分を磨くためにやっていること
本が好きで、毎月、友人や元職場の同僚と「読書の会」の時間をもっています。

02

いとう由維さん
Itou Yui

すっきり暮らせるように収納・片付けを見直し続ける。

大好きなリビング。今日もここから三姉妹は元気に出かけて行きました。

ドウダンツツジを祖母宅からいただきました。

どこに何があるのか、本当に必要なものの見直しを繰り返しています。

「身の丈時間。」
http://minotakezikan.hatenablog.jp/
Instagram「@itou58」

子どもの頃からひそかに学校の掃除が好き。特にぞうきんがけが大好きで、今もそれは変わりません。普段はついでにちょこっと掃除をします。お風呂のついでにちょこっと掃除、トイレのついでにちょこっと掃除……と、簡単な掃除をし、給料日前の休日はしっかり掃除と決めてます。

小学3年の頃、実家を建て直したときに初めて自分の部屋ができ、ものすごく嬉しかったことを覚えています。自分の部屋をきれいに保ちたくて、よくぞうきんがけをしたり、模様替えもしていました。家全体が飾り気のないインテリアなのですが、すっきりして気持ちが良い、と言われます。物を飾るのは苦手ですが、野花や植物を飾って季節を感じています。

発達障害を持つ娘のために収納、片付け方法をしっかり見直すようになりました。おもちゃ収納から始まり、家全体を見直すようにしました。どこに何があるのか、本当に必要な物の見直しを繰り返すことで、家族が物を探さなくてもよい暮らしへと変化しています。

洋服はハンガー収納

衣替えを機に三姉妹の洋服（トップス・ワンピース）を全てハンガー収納に。洗濯するときに使うハンガーとクローゼットで使うハンガーを統一して、洗濯して乾いたらそのままクローゼットへGO!! 畳まなくて済むから楽♪

1本のポールを3等分にして、結束バンドで目印に。結束バンドはあえてカットせず、洋服の移動防止にしてます。少しでも楽したい母です(笑)。

三姉妹のヘアアクセサリーの管理方法

扉の裏に100円ショップで買ったウォールポケットをくっつけて管理。ヘアブラシも同じ場所に置いています。

毎日三姉妹が各々自分達でヘアアクセサリーを選び、ヘアブラシと一緒に私のところへやってくる。見直して、ヘアアクセサリーはウォールポケットに収まる数に絞るようにする。三姉妹の小さな宝物だから、簡単には処分はできません。

キッチン背面収納の扉裏に、ヘアアクセサリーを収納。

畳まないハンガー収納は時短になります。

新聞紙の使い道

新聞紙、大好きです。リビングの隅のカゴの中に新聞紙をストック。時間があるときに1枚ずつ折り、シンク下にもストックしています。

使い道はいろいろ。子どもたちが絵を描くとき、揚げ物のとき、靴に丸めて入れる（湿気除去・消臭）、バッグや帽子の型くずれ防止、古油を捨てる、冷蔵庫の野菜室に、野菜や果物の皮をむくときに。

リビングに新聞紙をストック。1枚ずつ折っておくと使うときに便利。

PROFILE DATA

▼住まい、年代、仕事、家族、趣味
福岡県／30代／会社員／夫、自分、長女8歳、次女6歳、三女2歳／本屋に行くこと、絵を描くこと

▼好きな家事
掃除

▼苦手な家事
料理。ワンパターンなメニューばかりで、献立を考えるのが特に苦手

▼日常の中での幸せ
子どもたちと縁側でおにぎりやアイスを食べるときが幸せです。

▼ストレス解消方法
三女がまだ小さく、思うように家事ができないときもありますが、「家事は後回しにできても、抱っこできる期間は決まってる」と考え方を変えます。あとはイライラしているときほど、なぜか掃除、片付けがはかどるので、掃除片付けをします。

▼きちんとやっているところ
朝はとにかく忙しく感じます。少しでも楽になるように、リビングに三姉妹専用のお着替えボックスを設け、次の日の着替えを入れてセッティング。朝起きて子どもたちがそれぞれボックスから取り出して着替え、パジャマはそのボックスにポイポイッと入れる仕組みを作っています。それだけですごく助かります。

▼自分を磨くためやっていること
いいなぁと思うことは、まず行動する。

03

中野晴代さん

Haruyo Nakano

「ひとつ買ったらひとつ捨てる」を心がけています

Instagram「@haruyonakano」

フルタイム勤務で昼間はあまり家にいないのですが、出勤前の片付いた部屋の、シーンと静まり返った空気が好きです。今日もがんばろう！　という気持ちになります。

近藤麻理恵さんの本を読んで、書いてある通りにマジメに片付け祭りを実践してから早1カ月以上経過。今まで片付けても3日で散らかっていたのが、1カ月以上経っても片付いていることに自分自身ビックリ！（笑）　今までは平日フルタイム勤務を言い訳に、散らかっていても仕方ないって開き直っていました。片付けが苦手だと思ってたけど、もしかして違うかも？　なんて、ちょっと自信がついてきました。

ゴミ袋に換算するとたぶん50袋くらいを断捨離しました。とにかく物がなくなって、収納の中も70％くらいになったら、たたんだ衣類をしまうのが面倒ではなくなりました。

掃除で心がけていることは、ダイニングテーブルに各自の持ち物を置かない。出勤前はキレイな状態で家を出る。コンロの上に鍋やフライパンなどを置きっぱなしにしない。トイレは入るたびに少しずつ掃除。洗面台も手を洗うときと一緒に掃除。そして、「ひとつ買ったらひとつ捨てる」を心がけてとにかく物を増やさないようにしています。そして使わない物は新品であっても容赦なく処分します。

インテリアは流行があるから

リビングの棚に置いてあるモノは、5年くらい前からあまり変わっていません。

インテリアはファッションと同じで、流行りが来ては去っていくから、あまり気にしないようにしています。

最近物欲がすっかりなくなって、消耗品以外買わなくなりました。すぐに飽きることがわかっているので、じっくり考えるようになったみたいです。よく衝動買いしていたのですごい進歩です。

衝動買いはしなくなりました。

私の中での丁寧な暮らし

イタリア・サルディーニャ島での旅行のお土産に、職人手作りの伝統的なナイフを買ってきました。小振りで、とっても素敵なんです。

それから、エスプレッソメーカーも。無名ブランドの物だけど、日本円で1000円もしなかった！安い。

料理がとにかく苦手なので、お気に入りの食器を使ってモチベーションを上げています。

左上／イタリア土産にナイフを買いました。 右上・右下／お気に入りの食器で料理を楽しみます。

PROFILE DATA

▼住まい、年代、仕事、家族、趣味

静岡県／40代／会社員、広報担当／自分、夫、長男小6、次男小3、義母、義父／写真撮影、友人と過ごす時間

▼苦手な家事

洗濯物をたたむのが一番苦手ですが、断捨離をして物が減ったら、たたんだ衣類を入れるのが面倒ではなくなりました。

▼手を抜いているところ

フルタイム勤務なのでほぼ手抜きです。完璧にしようとすると疲れるのでほどほどにしています。

▼住まいについてほめられた場所

来ていただいた方に、目に付くものが全てステキ！ と褒めていただいて嬉しかったです。

▼日常でのストレスと解消方法

部屋が散らかっているとき。とにかく処分します。そして片付けます。

▼日常の中での幸せ

子どもと一緒に過ごす時間です。どんなに仕事で遅くなっても、子どもとの時間を作ります。「ちょっと待ってて！」はできるだけ言わないようにしています。家事の途中で呼び止められたときには、手を止めます。

▼自分を磨くためにやっていること

常にアンテナを張っています。会社で広報やマーケティングに携わっているので、自分よりもはるかに若いお客様が、今どんなものに興味があるのか等、自分の趣味ではないものでも、なるべく関心を寄せるようにしています。

04

こずえさん

kozue

家の中心・キッチンから司令塔のように目を配っています

Instagram「@koz.t」

キッチンが家の中心。飾っているのは枝ぶりがきれいなミツバツツジ。

枝ものだと水が腐りにくいので毎日水換えしなくても大丈夫です。長持ちするので植物初心者の方におススメ。

家を建てるとき動線をよく考え、キッチンが家の中心になるよう設計しました。キッチンにいることが多いので、司令塔のように、玄関にリビングに和室にと全部屋に目を配ることができるのがお気に入りです。家のどこからでも緑が見えるような間取りです。また、部屋のあちこちに季節の花や枝を飾り、楽しんでいます。

家事は手を抜いているところだけど、朝晩と家族みんなが使う場所を掃除してリセットさせることは毎日やっています。また、たとえば、ゴミ出しや朝刊取り、洗濯物を畳むといった「名もなき家事」は家族で分担。お願いできるものは夫や子どもたちに頼んでいます。

最近は3歳になる次女がたくさんおしゃべりをするようになったので、そんなときは会話をゆっくり楽しめるよう、そのためにも家事はささっと終わらせて一緒に遊ぶ時間を作っています。

毎日慌ただしく、丁寧とは程遠い生活をしていても、普段の言葉遣いをきれいにする、姿勢を正す、そんなことから始めたらいいような気がします。ちょっとしたことでも家族に与える影響や子どもの成長が違ってくると思っています。

玄関には物を置かないように

玄関に物があふれている家はセールスや悪徳商法に騙されやすい。という話を聞いたことがあるのだけど、それを聞いて以来なるべく雑多に物を置かないようにしています。ひとつ置いたらひとつ片付ける。玄関に限ったことじゃありませんが、これがなかなか難しい。実はこまめに掃除するのが苦手なので、人が遊びに来るときに「これはいいチャンス」と思って掃除をしています。

ひとつおいたらひとつ片付ける。これがなかなか難しい。

PROFILE DATA

▶住まい、年代、仕事、家族、趣味
愛媛県／30代／専業主婦／夫、自分、長男9歳、長女8歳、次女3歳／茶道、リース・スワッグ作り、器集め

▶好きな家事
洗濯。汚れたものを洗濯機にポイポイ入れてリセットされる感じが好き。いかに効率よく進めていくかを考えます。

▶苦手な家事
掃除。毎日こまめにやるのが苦手。

▶手を抜いているところ、きちんとやっているところ
手を抜いているところだらけだけど、朝晩、家族みんなが使う場所をリセットすることは毎日やっています。文明の利器は大いに活用（ルンバ・食洗機・便利家電）。夫の食事がいらないときは子どもたちの好きなものを食べに行きます。

▶日常の中での幸せ
子どもが小さいと予定通りに進まないことがたくさんあるので、その日やりたいことがスムーズに終わったときに幸せを感じます。

▶時間がないときの工夫
思うように予定がこなせていないとき。やることリストを作ってやらなきゃいけないことを見える形にする。

▶自分を磨くためにやっていること
いろんな人と会話。実際に会って話をするのがいちばんですが、インスタで共通の趣味の人や魅力的な人とコメントのやりとりをするだけでも自分にプラスになります。

器の力で普通の料理でもおいしそうに見えます。

お料理のスタイリングが好きです

食にまつわるモノを集めるのは昔から大好きで器・ケーキの型・木のボード・鍋等々、羅列したらキリがありません。お料理のスタイリングが大好きなので、普通のお料理をいかにおいしそうに盛り付けるかを毎日楽しんでいます。

普段から野菜中心のメニューで副菜をなるべくたくさん用意するように心がけています。結婚するまでは全く料理をしなかったけれど、夫の母が料理上手で手際もいいということに、影響を受けました。ただ苦手なのは、メニューを考えることですね。作り始めるとあれもこれも作りたくなるのだけど、料理を作るまでの重い腰が上がりません。

けいちゃん @decokei が送ってくれた「セントル ザ・ベーカリー」の角食でサンドイッチ。

生活の中に茶道を取り入れています。好きな器で好きな和菓子と。

▶ MINI COLUMN　毎日の時間割

6:00	起床
6:15	家族の朝ご飯・お弁当作り
7:30	自分の朝ご飯
8:00	洗濯物2回目スイッチ
8:30	ダイニング・キッチン片付け
10:00	スーパーへ買い物、外に用事がある時はこの時間に済ませる
10:30	洗濯物干し、前日の洗濯物畳み、LDK掃除
12:00	昼ご飯、次女と遊ぶ、自由時間
15:30	長男長女帰宅
17:00	晩ご飯作り
18:00	子どもの晩ご飯
18:30	長男長女を塾に連れて行く
19:30	夫帰宅、晩ご飯
20:00	塾お迎え
21:00	子ども就寝
22:00	食器洗い、お風呂
23:00	自由時間
24:00	就寝

夫婦でコーヒーが好きです

毎朝夫とコーヒーを飲んでいます。コーヒー豆は新鮮でおいしいものを買うようにしています。普段は夫が200gずつ豆のまま買ってきてくれますが、毎回違う産地の豆を買ってくるので深煎り、浅煎り、とさまざまですが、それを手挽きしてドリップ。最近はネルを使ってコーヒーを淹れるのが好きです。

朝はブラックですが昼はミルクたっぷりのコーヒーを飲みます。

ネルは雑味がなくまろやかな味になるところがお気に入りです。

見た目がオシャレなので、見せる収納ができるケメックスのコーヒーメーカー。

我が家の朝食はパンなのでコーヒーがよく合います。

05

emiさん

emi

無印良品や100円ショップをフル活用

Instagram「@emiyuto」

シールは、Noritakeさんというイラストレーターさんのものです。去年無印良品で配っていたもの。

2段目は息子、3段目は娘のもの。

4段目はドライヤー入れです。

家事はいかにラクに楽しくできるか、家族が過ごしやすくできるか、家族が喜んでくれるか、そういうことを考えるのが好きです。たとえばモノの場所を決め、そこに戻すこと。日用品なども場所が決まっていれば迷子にならないし、家族が気持ちよく使えます。

先日、洗面所で使う娘用の踏み台を、カインズで買いました。踏み台は引っ掛け収納です。引っ掛けておいたら掃除がしやすい！　そして、無印のストッカーの最上段の引き出しにぴったりの整理ボックスを100円ショップで購入。いつも洗面所で娘の髪をセットするので、くしやパパッと使えるゴムなどを収納しています。いちばん奥には子ども用の日焼け止めを入れています。ここなら子どもたちが自分で塗れるので。2段目、3段目は息子、娘のそれぞれの靴下、ハンカチ、給食用巾着&ナプキンを入れています。もちろん、自分で準備。4段目はドライヤー入れです。

家族が使いやすい収納にしたい

家族が気持ちよく暮らせる空間を考えるうちに収納を見直すようになりました。

たとえば和室にある子どものおもちゃスペース。お絵かきとか工作で遊ぶことが多いから、中途半端な紙類が多いし、細かいものも多くてなかなか物が減らないです。

息子はデュエル・マスターズのカードとニンテンドーDSと、最近は遊んでないけどベイブレード。娘はアイロンビーズとおしゃれグッズと、あとは細々したものなど。そうしたものはダイソーのボックスに収納しています。1ボックス1アイテム収納するのに便利です。

カードはバラバラになるから、ボックスの中にさらにダイソーの仕切り板が移動できるケースを入れて収納。
彼の中では強いカードとか色々分類があるそうで仕切りが重要（笑）。

PROFILE DATA

▶住まい、年代、仕事、家族、趣味
福岡市／ショップ勤務／夫、自分、息子12歳、娘9歳／パン屋巡り

▶好きな家事
家事全般は好きではないですが、いかにその家事をラクにできるか、家族が喜んでくれるかを考えるのが好きです。

▶苦手な家事
お風呂掃除。アイロンがけ。

▶手を抜いているところ
床掃除はルンバ。やろうとおもっていることが6割できたらいいと思ってます。

▶きちんとやっているところ
出かける前と寝る前に片付けてリセット。帰宅後や朝、片付いていないのは、精神的にやる気を喪失してしまうので。

▶日常の中でのちょっとした楽しみ
部屋にお花を飾ること。おいしいパン屋さんのパンで家族とご飯。

▶日常の中での幸せ
家族と過ごす時間。家族がリビングで遊んでいるのを見る時間。友達とおいしいものを食べて、たくさん笑ったとき。

▶自分を磨くためにやっていること
周りの人とたくさん関わるようにする！　学校の役員もやるからにはイヤイヤではなく、周りと上手に付き合いながら楽しみたいなと。また、家事も、楽しみながらこなせば、結果、自分磨きにつながるんじゃないかなと思いながら、日々のことをやっています。

掃除は「気づいたときにすぐ」

掃除用洗剤はなるべくナチュラルでシンプルなものが好きです。特にセスキ水は大活躍。セスキは油汚れに強いのでIHトップもシンクもセスキ水＋メラミンスポンジでこすって、仕上げにパストリーゼ77で拭き上げます。マーチソンヒュームは天然成分なので、主にダイニングテーブルやカウンタートップを拭いたりしています。そして毎月（できないときもあるけど）、シンクをオキシクリーンで「オキシ漬け」してピカピカに。

汚れる前にできる対策をし、なるべくものを置かずに掃除をしやすい空間を作ることで、掃除のハードルが下がりました。

上／掃除はついで掃除、気づいたらすぐを習慣化しています。そのほうが自分が楽です。　左／掃除用洗剤はなるべくナチュラルに。

私のラク家事の秘訣

仕事をしているので日々の床掃除はルンバに任せたり、家事でもこれをやろうとおもっていることの6割できたらいいと思ってます。

ご飯も食材などは気にしますが、旦那さんが出張の日はワンプレートで済ませたり。片付けも、一時置きスペースがリビングクローゼットにあるのでどうしても忙しい時は無理に片付けません。リビングクローゼットを閉めたら隠せるのでOKとしています。

上／出掛ける前にルンバのために椅子をテーブルに上げます。
左／便利なリビングクローゼット。

アイロンかけはひとつの場所で

1週間分のワイシャツ、子どもたちの給食エプロンのアイロン掛けが終わりました。その度にやればいいんだけど、ついついためてしまいます。一気に掛けたほうが電気代節約よねなんて。かける場所に道具をまとめているので効率はいいんです。旦那さんが寝室で着替えるので、寝室で作業しています。家事室のない我が家は寝室にしかアイロンの置き場所がなかったためですが。

アイロンがけが終わったらハンガーにかけるだけ。

調味料はなるべく無添加

調味料はなるべく無添加のものをと心がけています。菜種油、きび砂糖はいつも決まったものを購入。調味料は容器に入れ替えています。

子どもができて、食材や添加物について気にするようになりました。また、子どもができてからはお友達とおうちで持ち寄りランチをする機会が増え、おかずやデザートなど、手作りを楽しむようになりました。

調味料は国産や無添加のものを中心に買っています。

子ども部屋は将来を見据えて

子ども部屋の壁紙は、自分たちで好きな色を選んでもらいました。

勉強机は大きくなってからも使えるように、シンプルな無印良品のものを選びました。椅子はデスクに合う素材のものを近所の家具屋さんでセレクト。今はそこで勉強をするというよりは、ふたりで遊んだり工作をしてます。

いずれはそれぞれの部屋に分けて、机とベッドを置く前提で、ベッドも無印良品です。このベッドはすのこになっているため、天気のいい日にマットを立てれば通気性がよく湿気がこもりにくいところも気に入っています。

上／デスクライトも無印良品のものです。　下／長く使うものだからシンプルなデザインを、とこちらも無印良品です。

06

cheryl_lifeさん

cheryl_life

片付け、断捨離が大好きなのは母ゆずりです

「cherylの貯金術と育児術」
Instagram「@cheryl_life」

大好きな無垢とアイアンのダイニングテーブル。キャスター付きなので、動かしやすい。模様替えも楽です。

実家は、昔から無駄なものがなくいつも整理整頓されていました。こだわりのアンティーク家具や食器、タオルの色さえも統一されており、見ていてとても気持ちが良かったです。「飽きるものは買わない、いらないものは捨てる」といつも母から言われている言葉です。そんな母の影響で、私も片付け、断捨離が大好きです。ワードローブは収納6割を目指し、1年着なかった服や、なくて困らなかったものは処分するようにしています。

小さい息子がいるので、家事は極力手抜きしています。子どもの食べこぼしをさっと、拭けるようにじゅうたん類は敷かない。トイレのマットもなくしました。忙しいときは洗濯物は乾燥まで、食器も食洗機をフル稼働しています。

SNSでいろんな人の暮らしを目にすることができるけれど、流されすぎないよう、他人の良いところは適度に取り入れながら、自分らしさを忘れずに暮らしていきたいと思っています。

実家はいつも無駄なものがなくいつも整理整頓されていました。

前は在庫がないと心配だったんですが、今はいかに無駄なく使い切るかを意識して頑張ってます。

雨の日は絶好のお掃除タイム

雨だったので冷蔵庫のお掃除。掃除するときはいったん全部出して賞味期限をチェックしています。今回も調味料、ソースがアウト！

こういう時じゃないと、ちゃんと賞味期限をチェックしないんですよね。買い物は、週末日曜日のまとめ買い＋木曜の買い足しと、基本2回の買い物にしているので、食材を無駄にすることが少なくなり、冷蔵庫もとてもきれいに保てます。

うちは土日にお風呂、シンク、ガスコンロ、玄関の一斉清掃。全ての部屋に掃除機をかけます。毎月冷蔵庫内のものをすべて出して清掃です。

週末、我が家の冷蔵庫はすっからかんです(笑)。前はぎゅうぎゅうに詰め込んでましたが、今は計画的に1週間分だけ！　これをするようになって、圧倒的に腐らせて捨てることが少なくなりました！以前の私は、まとめ買いが大好きで、週何回もスーパーへ。野菜に至っては、3人なのに箱買い。あっという間にジャガイモからは芽が出て、玉ねぎもえらいことに。使い切れる分量だけ購入！　に切り替えました。

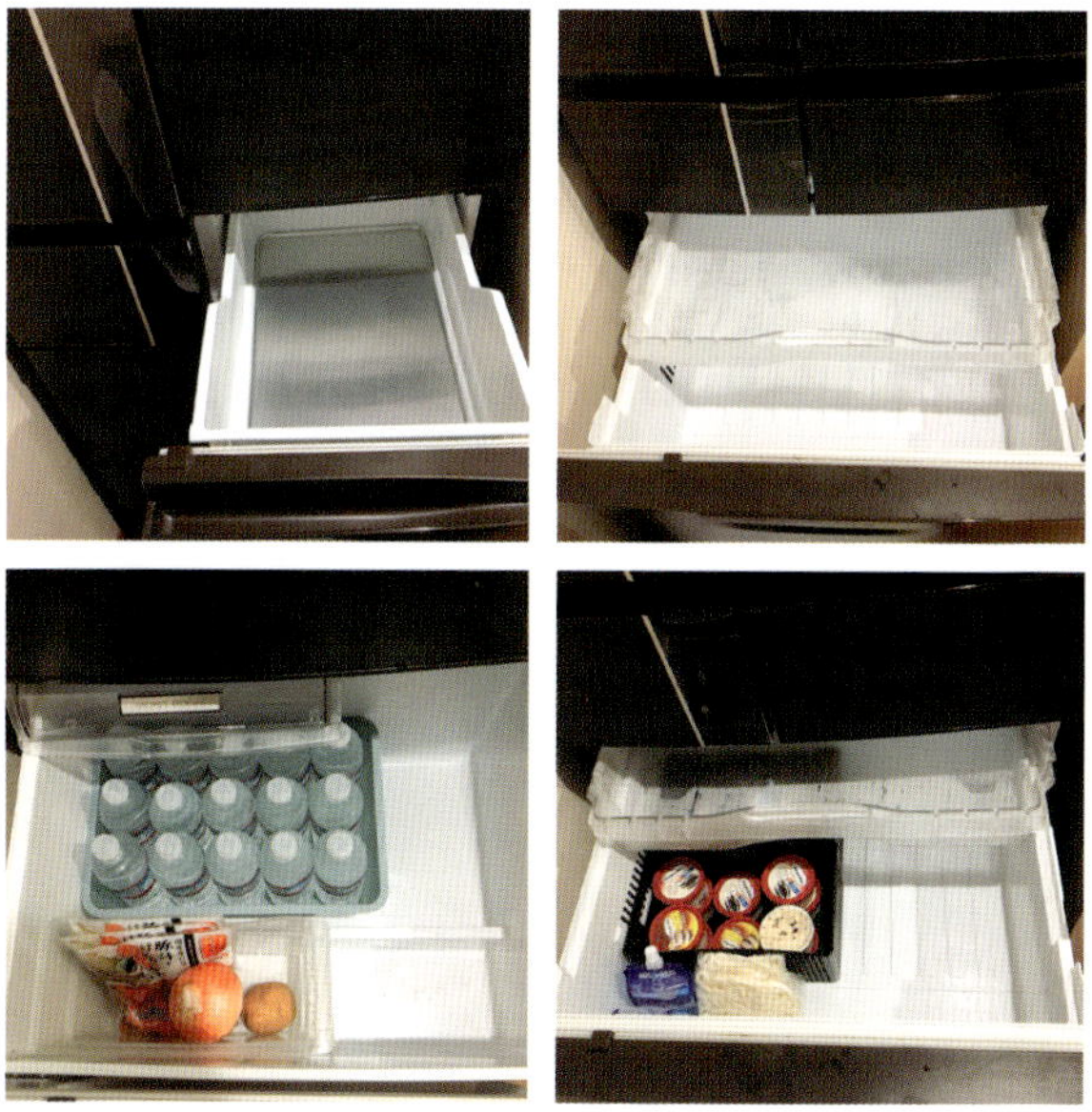

ハーゲンダッツはいただきもの。息子が食べ散らかしているので、蓋がない(笑)。

PROFILE DATA

▼住まい、年代、仕事、家族、趣味

東京都／30代前半／会社員／夫、自分、長男3歳／海外旅行、インテリアショップ巡り、部屋の模様替え、断捨離、節約術模索

▼好きな家事

整理整頓

▼苦手な家事

料理。時短レシピを増やしたい。

▼日常の中での幸せ

子どもの成長記録アルバムを作成するとき。1歳までは毎月、1歳以降はイベント時に作成。気軽に作れるのでずっと続けています。

▼日常でのストレスと解消方法

息子が寝た後のひとり映画タイムや、旦那に子どもを預けてショッピングやカフェに行ったり、お気に入りの化粧品を見つけるなどして解消しています。

▼忙しいときの工夫

仕事から帰って1時間のうちに料理の準備をし、息子のお迎え。息子がいると部屋は一気に散らかり、片付けても意味がない。ご飯は食べ散らかし、飲み物はこぼす。お風呂では暴れ、追いかけて服を着せる日々……。家事は極力手抜きがモットー！　食器は食洗機へ。洗濯は旦那に依頼or乾燥機。料理は、日曜日にまとめ買い&作り置き。週半ばは惣菜などの買い足し。

▼自分を磨くためにやっていること

子どもがお昼寝の時間を狙って、家事・節約・子育て・料理・仕事術・インテリアなどの本を読みあさってます！

07

かーさん。さん

kaasankakei365

1日3000円！楽しくしっかり家計管理

この日の買い出しは8320円。目に見えて食べるようになった9歳の息子。でもやりくりは楽しい。

「母さん家計365日」
Instagram「@kaasankakei365」

1日3000円を目標に、余ったお金は貯金。貯金用の通帳も作りました。毎日の生活を見直しながら丁寧な生活をしていくのが目標です。

私は節約も並行しながら食事を作っています。献立を作り食材ロスをなくすことが目標なので使い切りを目指して週一のからっぽ冷蔵庫を実践して冷蔵庫掃除をします。

1週間の流れ。まずは5日分の献立を考えます。週の間に、どんぶり、パスタ、魚を献立にできるだけ入れます。まずは主菜から決め、主菜に対しての彩り、野菜の量を考えながら副菜を決めていきます。

自分で作った主菜、副菜ノートを見ながらローテーションで献立を考えます。残り2日は残った食材で作るようにしてます。いろいろな種類の端野菜をみじん切りにしてひき肉と合わせるカレーは絶品です。

私の唯一の趣味は家庭菜園。我が家の大切な食料源（笑）。もうかれこれ4年目ですが楽しいです。自分で作るとなおさらおいしく感じます。

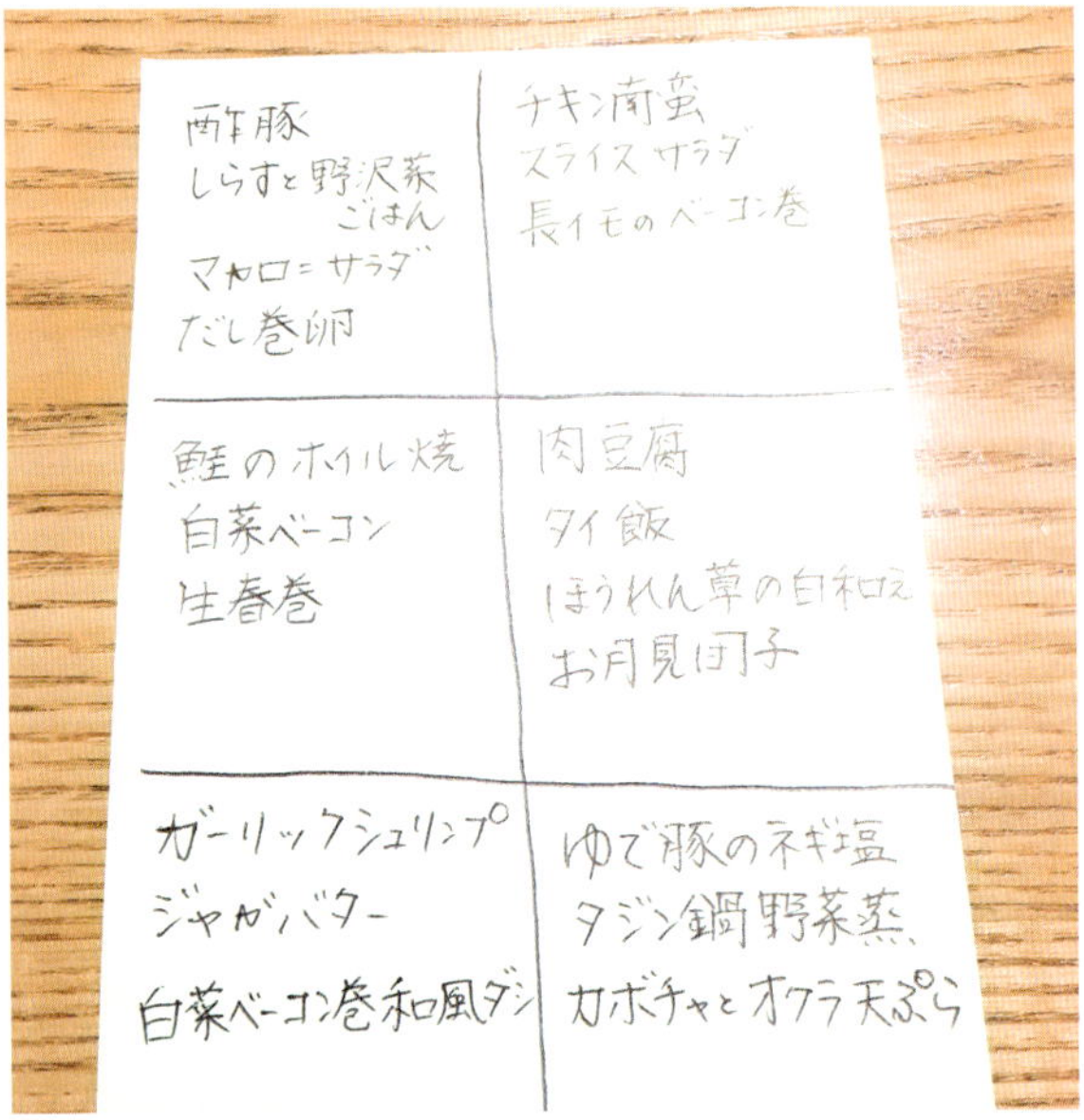

上／献立は冷蔵庫に貼ってます。下／趣味は家庭菜園。我が家の大切な食料源（笑）。

1日3000円が目標

課題はやりくり費をいかに残して貯金に回すか。月貯金は5万円が限界。写真の通帳は絶対に下ろさないお金です。主人のお給料から、固定費、やりくり費、先取り貯金を引いて残るお金を貯めっぱなしにしているので（平均1・2〜2・5万）冠婚葬祭などのお金はそこから払っています。子どもの成長とともに臨時出費が多くなってきました。頑張らなくては！　こうやって書き出して見直すのも悪くない。

予算ギリギリでした

今月の予算9万円（1日3000円×30日）。使ったお金8万9171円、残ったお金829円。今月は乳がん検診や父の日がありました。今月貯金は、先取り5万円、子ども手当8万円、保険3万3328円、やりくり残829円で貯金合計16万4157円。今年累計58万5521円。夏は、やりくり費プラス3万くらいで考えてます。バーベキューが多くなる季節……。

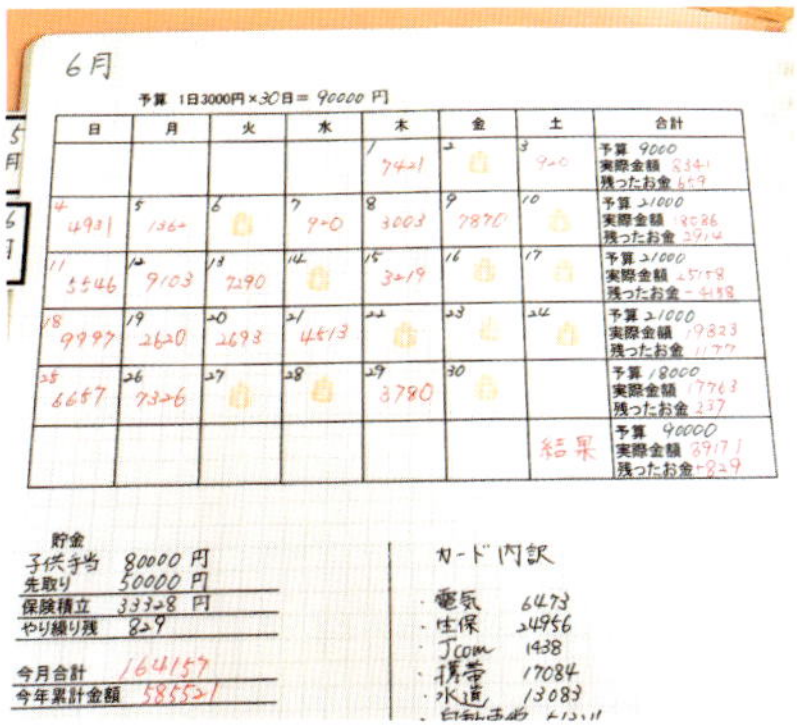

Excelで作った表に、使った額を赤字で書き入れています。

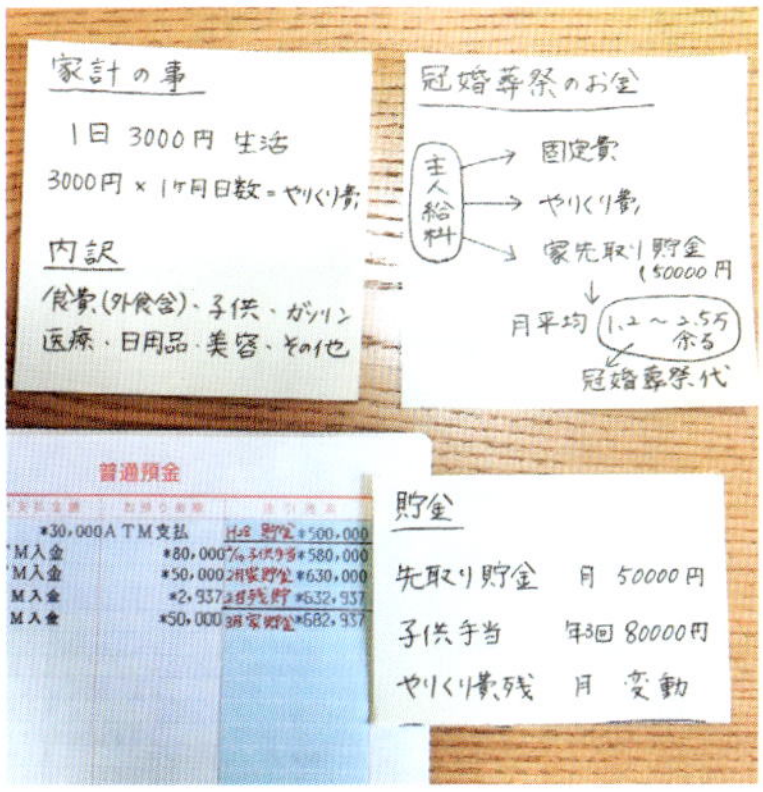

メモはルーズリーフに貼ってモチベーションをキープ。

2018年すること、したいこと

今までなんとなーく1日1日が過ぎていったけれど、丁寧な生活がしたくて、濃い生活がしたくて、これからのことを考えました！　これは今ぼんやり思っている願望なので、どうなるかはわかりませんが、自分に向き合って書き出すことには意味があると思いました。特に子どもの成長は待ったなしなので今できることをしてあげたいなと思います！

世の中の働くお母さん。仕事を終え家事が終わるまで気が抜けませんね。でも代わりは誰もいないよね。頑張らなきゃなぁ。仕事と家事・育児の両立。家計管理と時間の使い方、考えますね〜。

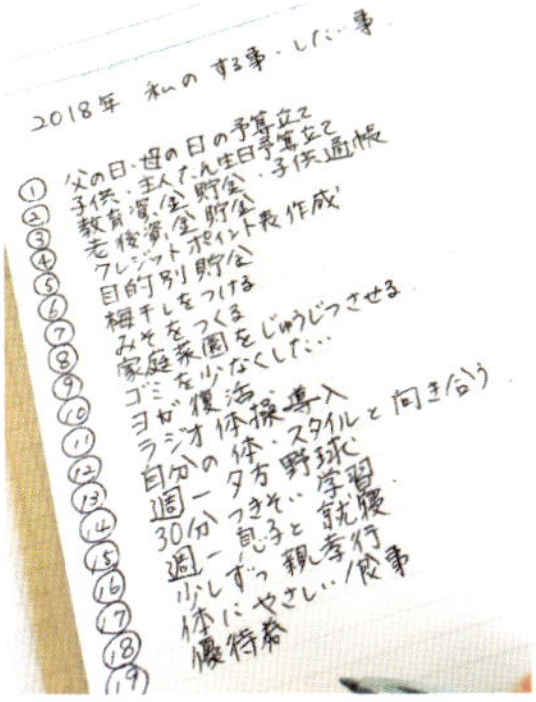

目標や予算だて、もろもろの記録はノートとメモを活用しながらやる気を上げています！

PROFILE DATA

▼住まい、年代、仕事、家族、趣味
福岡市／32歳／会社員／夫、私、長男9歳、長女4歳／特技は掃除。趣味は家庭菜園とパン作り。

▼好きな家事
掃除機かけ。床のベタつきと髪の毛が落ちていることが苦手なので週一は拭き掃除。

▼苦手な家事
洗濯物畳み→畳んでその後すぐに着ている家族を見ると……。

▼自分の家事についての長所
朝起きて一杯のコーヒーを飲んだら、いちども座らずその日の家事を終わらせること！

▼手を抜いているところときちんとやっているところ
冷凍食品（小籠包、ほうれん草）やごぼうサラダ、明太子ポテサラなどは副菜として重宝。一方で家族の誕生日やイベントでは、思いっきり手の込んだ料理を作って、家族が大好きだよと形にします！

▼日常の中での幸せ
食事の時間にはテレビを消しその日の出来事を話し合います。みんなで共有することで家族の絆が深まります。

▼日常でのストレスと解消方法
現在子育て真っ只中。「子育ては一生続くものではなく、こんなに悩んだり心配することも子どもが大きくなればできなくなる」と考えを転換するようにしています。

▼自分を磨くためやっていること
自分ができないと決めつけず、苦手分野に対して勉強を惜しまない。

IKEAのトレイテーブル。サイドテーブルにちょうどいいです。

08

chigu tanaさん

chigu tana

白を基調としたシンプルな作りの住まいが理想です

Instagram「@mayuriru22904isoftbankjp」

白を基調としたモノトーンでシンプルな作りの住まいが理想です。家具やインテリア雑貨は白で、無地のものを選ぶようにしています。同じ白でも、素材の質感などもよく考えて選ぶように心がけています。

ものをまとめるのが好きで、決まった枠にぴったり収納できるとスッキリ、気持ちいいです。物が多いのが嫌で、散らかっているとイライラして子どもたちに当たってしまいそうなので、片付けは毎日きちんとやっています。でも掃除機かけは毎日していません。コロコロの埃取り程度。ただし週末には必ず掃除機かけしてリセットするのがマイルール。

家族が多く、小さな子どももいるのですがよく片付いていると褒めていただいたことがあります。フルで仕事をするようになってからは、むしろ毎日完璧にやろうとしないことが仕事と家事の両立につながるのかもしれません。

自分時間を取るように、朝早く起きて行動するようにしています。朝の観葉植物への水やりも楽しみのひとつです。

上／ムートンラグは楽天市場の「スリープテイラー」で購入したもの。毛も取れずお気に入り。もうひとつ購入したいくらいです。　左／和室の一角にIKEAの棚板を壁に設置してPCスペースを作りました。引き出し付きの白いウォールシェルフはIKEAのもの。脚が無いのでスッキリ。リプロダクトのセブンチェアを合わせました。

白い綿棒や、コットン、スポンジは、中身を見せるためにクリアボックスで収納しています。

洗面鏡はIKEAのもの

賃貸の極狭、暗い洗面所ですが、IKEAの洗面鏡や収納で空間作りにこだわりました。

洗面鏡の扉の裏の収納は、キャンドゥのコードクリップ（シリコンのような柔らか素材で両面テープ付き）を歯ブラシホルダーとして活用しています。以前はカップを歯ブラシスタンドとして使用していましたがどうしてもカップの底が濡れて汚れるので、変えました。歯ブラシは無印良品のもの。シンプルで理想的な歯ブラシに出会えました。歯ブラシを扉へ付けたのでAesopのマウスウォッシュが置けるようになりました。

左／「sarasadesign」の洗剤ボトルは液だれしなくて優秀。中身が透けない無印良品の引き出しは別の場所でも愛用してます。　右／洗濯物入れはtowerのバスケットを2個使用してます。手洗い用と普通洗い用。

PROFILE DATA

住まい、年代、仕事、家族、趣味
福岡県／パート／夫、自分、長女20歳、次女18歳、長男15歳、三女6歳／写真、DIY、園芸

好きな家事
片付け、収納整理。収納は細かく分け過ぎず、ワンアクションで取り出せるようにしています。

苦手な家事
料理が苦手です。レパートリーが少なくアレンジが上手くできない。

家事について変えてよかったこと
短時間でできることを毎日する。

日常の中での幸せ
週末のお仕事の休みに趣味のDIYや植物のお手入れをしているとき。

日常でのストレスと解消方法
仕事、学校行事、町内行事などで休みがつぶれて趣味ができなかったとき。平日でも1日炊事をさぼって、趣味をしたり、お友達とランチしたりします。

忙しいときの工夫
子どもが4人いるので予定が重なったり、また、町内の役員になっているので時間に余裕がないときがあります。家庭の用事がこなせないとイライラするので、できることは早朝に済ませたり、用事を調整してもらったりします。友人やご近所さんに助けてもらったりもしています。

自分を磨くためやっていること
いろんなことにチャレンジ、即行動に移す。

土曜の朝は、食卓を楽しみます。

09

G.Iさん

G.I

大好きなお花や器 キャンドルを使って 休日の食事作りを 楽しんでいます

Instagram「@george_industry」

休日の食事作りは大好きです。平日はフルタイム勤務で、割と早くから遅くまで仕事をしているため、食事は手抜きしていますが、休日は何かと手作りを楽しむことが多いです。

休日の朝ご飯は、どのお皿を使おうかとかあれこれ考えて楽しんで作っています。仕事のことを忘れていられる土曜の朝は最高です。食事づくりは好きな家事でもあり、苦手な家事でもあります。

お刺身や買ってきたスイーツなど、そのまま食卓に出すのではなく、必ずお皿にのせ替えて出すようにしています。それだけでも少し違う気分に。インスタグラムを通して北欧食器や作家さんの作る食器にはまりました。アイスでもワイングラスに入れたり飾りつけをしたり、工夫するようになりました。それを写真にとってpost（投稿）するのも楽しみのひとつです。

上／コーヒーベーグル。インスタントコーヒーと牛乳で作りました。手間のかからないレシピです。　右／ちぎりパン。ふわふわもちもちおいしかった。

ぶどうパンで簡単オヤツ

「ロハコ」に載ってたレシピでオヤツ。ぶどうパンをバターと砂糖とシナモンとで炒めてから、トースターでチンして粗熱とってアイスクリームに混ぜるだけ。パンがサクサクでおいしかった。グラスは「イッタラ」の「カルティオ」、秋色のカラーを選んで正解。

簡単だけどおいしいおやつ。

バードたちを丸洗い

俄然やる気が出てきてバードを丸洗いした土曜日。底に穴が空いてるけど、水が入らないように注意して洗っちゃった。

そして久しぶりに棚の模様替え。LISA LARSONコーナー。何年もかけてコツコツと集めたかわいこちゃんたち。ホコリも溜まってたから水洗いして棚も拭いてピカピカに。

部屋には自分が欲しいもの、納得いったものしか置いてないのでとにかく幸せです。

バードたちを丸洗い。好きなものばかりの棚です。

鍋蓋つかみを手作り

小さいストウブ用の鍋蓋つかみを作りました。小さいからコロンとしててなかなかかわいいんですが、素人製なので、どーれも形がまちまち。もうかれこれ70個くらい作ってるのに。オーナメントとして作ったミニサイズもやたらかわいい。

やっぱり綿はちぎって形に合わせて縫うのがいちばんふわっふわになる。うちの縫い針は、頭のとこが隙間になっていて、穴に通さなくても糸を上からグッと押すと穴にハマるようになってるのから、ラクラク。

小さくてかわいい三角鍋蓋つかみ

PROFILE DATA

▼住まい、年代、仕事、家族、趣味
愛媛／40代／会社員／夫／写真

▼好きな家事
休日の食事作り。

▼苦手な家事
平日帰宅してからの食事作り。

▼家事について以前と変わったこと
最近職場が変わって出勤が早く、帰宅は遅くなったので、無理せず惣菜やインスタント、食材セットなども利用。家事を嫌いになりたくないので、気負わないように。

▼手を抜いているところときちんとやっているところ
お風呂掃除は苦手な家事に入りますが、ひと月のうち何日と何日にすると決めて、必ずやる。汚れてしまう前に、そして自分がしんどくない回数でというマイルール。

▼日常の中でのちょっとした楽しみ
インスタグラムにpostする写真を撮る。

▼日常でのストレスと解消方法
仕事や職場での人間関係でしょうか。頑張ったときや乗り越えたときはご褒美で買い物することが多いです。また、無心になれるので裁縫はたまにやります。

▼時間がないとき
遅く帰ってからの食事作りや片付けなどはイライラすることも多いです。疲れたときはさっさと寝ることにしています。

▼自分を磨くためやっていること
去年念願の普通自動二輪（中免）取りました。

10

ichigoさん

ichigo

「15分お掃除」で家じゅうまんべんなく掃除！

「無理せず続けること」をモットーに15分お掃除。

「ぽかぽか日和」
http://pokapoka-biyori.blog.jp/
Instagram「@pokapokaichigo」

インテリアと収納を考えるのが大好き。2013年10月に3階建ての小さなおうちが完成し、居心地のいい暮らしを目指して夫とふたりであ～だこ～だやってます。

洗面所は、白でまとめてお気に入りの場所になりました。バスタオルは白、洗剤ボトルなども白・シルバーで統一して、アイキャッチとしてフェイクグリーンを垂らしています。清潔感があってキレイと褒められます。

掃除はやりすぎて飽きてしまわないよう、絶対に無理をしないようにしています。「15分お掃除」として、毎週・毎月・3カ月にいちど・半年ごと・1年ごとのお掃除項目を自分なりに決めて、まんべんなくキレイが続くように。

汚れを貯めず都度やる家事（キッチン掃除など）と一度にやる家事（ストック管理など）を分けるようにしています。少し子どもっぽいですが、お掃除表を作ってスタンプを押したりしながらなんとか自分なりに楽しくする工夫をしています。

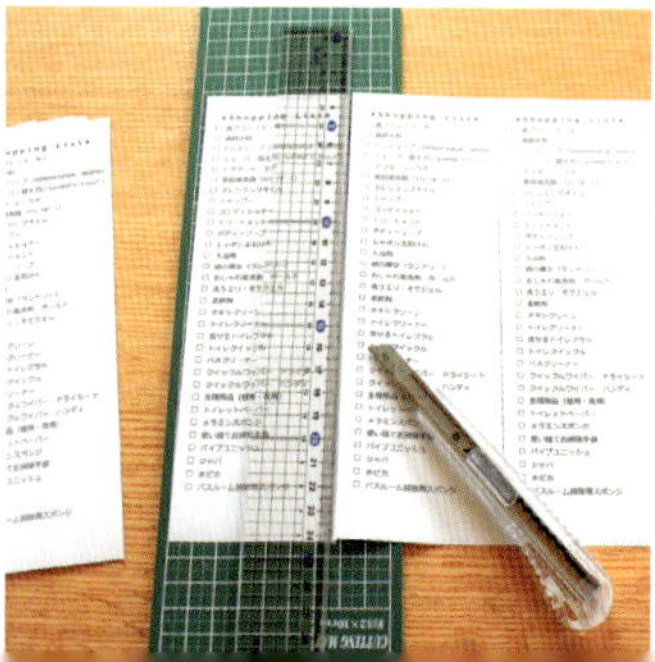

お掃除表を作ってスタンプを押したりしながら楽しくする工夫をしています。

動線を考えた アイランド キッチン

家を建てるとき、cm単位までこだわって「スパイスニッチ」を作りました。スパイスカウンターを少し高めにして、スパイスニッチを造作してもらったコクピット型のキッチンです。考え抜いて選んだ白いキッチンなので、キッチンの掃除が大好き。掃除しながらもっと使いやすくならないか考えています。

　アイランドキッチンは、狭めのリビングには向きませんが、テーブルも横並びにできて、食事の準備・後片付けの動線もよく、夫とふたりで料理しやすいです。ポイントは、カウンターの上にできるだけ物を置かないこと。郵便物など、つい余計なものを置きがちなので、気をつけています。

左／こだわって作った「スパイスニッチ」。　右／料理しやすいアイランドキッチンです。

浮かせて お掃除しやすい 玄関に

外に置いていたバケツやデッキブラシを玄関に置くようになり、傘立ても掃除する度によけるのが面倒に感じ始めていたんです。そこで、100円ショップでアイアンバーを買ってきて、傘とジョーロを床から浮かせました。そして、無印良品の「壁に付けられる家具フック」で、ホウキとデッキブラシもひっかけることに。床に置いていたほとんどのものが浮いて、お掃除しやすくなりました。

　いつもより広く感じ、かなり満足度の高い収納改善になりました。

掃除のときのプチストレスが解消されました。

PROFILE DATA

▼住まい、年代、仕事、家族、趣味
大阪／30代／専業主婦（月に数日お仕事）／夫、私／月一で夫とおいしいランチ、器集め（陶器市や作家展）、家でヨガ

▼好きな家事
Excelでの家計簿つけ／キッチンの掃除

▼苦手な家事
掃除。気にしだしたらキリがないし終わりがない。言わないと夫があまり気づいてくれないから。

▼家事について以前と変わったこと
ルンバをもらってから、床に物を置かなくなりました。

▼手を抜いているところ
Yシャツの洗濯、高いところの掃除、外の掃除は夫。週末のご飯は手を抜きがち。

▼きちんとやっているところ
「15分お掃除」を取り入れて、家じゅうまんべんなく掃除。

▼日常の中でのちょっとした楽しみ
紅茶党なので、おいしいフレーバーティーをいつも2、3種類常備。

▼日常の中での幸せ
週末、夫とキッチンで一緒に料理。

▼日常でのストレスと解消方法
夫とのコミュニケーションがうまくいかないとき。早めに話し合って解決する。

▼自分を磨くためやっていること
毎日手帳を開いてその日最低限やることとの確認。運動不足になりがちなので、ヨガを続けています。

11

えりかさん

erika

家族に合った生活は自分たちで決めていきます

Instagram「@penta_room」

ダイニングテーブルをローテーブルにしています。小さな子どもでも、自分ひとりでイスに座れます。

なるべく「これやらないと！」を決めないようにしてます。「今日は時間はあるからこれをしよう」というレベルでやっています。床拭きは週1回程度、掃除機がけは毎日やりたいけど難しければ次の日に。玄関掃除は砂がたまってきたと思ったらやる。このくらいのゆるさが私には合っています。

それでもきちんとやっていることはあります。キッチンシンクのディスポーザーの掃除（毎晩）、洗面所シンクの洗い＋鏡拭き（毎朝）、お風呂上がりに鏡やステンレス部分の水滴を拭くなど。私は大雑把なので、そんなにきちんと全てをできません。面倒くさいと思ったら、家事関連を放棄することもあります。それでも、汚い部屋をみて「これではいやだ！」と思って掃除や収納を見直したりしています。

小物一時置き＆携帯充電ステーション。

よく使うものをまとめています

キッチンカウンターの下には無印のスタッキングシェルフ。文房具などリビングでよく使うものを収納しています。

無印良品の「ポリプロピレンデスク内整理トレー」が〝シンデレラフィット〞でした♪

1段目は文房具、2段目は保育園からのお便りと連絡帳、3段目はダイレクトメールの一時置き、4段目は母子手帳SET&予防接種の資料を入れています。

上／キッチンカウンターの下によく使うものを入れています。　左上／文房具類も無印良品のトレーにまとめています。
右上／保育園のお便りなど。　左下／ダイレクトメールなどの一時置き。　右下／母子手帳や予防接種などの資料

PROFILE DATA

▼住まい、仕事、家族、趣味
東京／会社員／夫、自分、長男4歳、長女2歳／模様替え

▼住まいについて重視したこと
マンションでリビングの窓が大きく、光がたくさん入るところがお気に入りです。

▼理想の住まい
家族が「おうちに帰りたい」と思える家にしたいです。

▼食についてのこだわり
ご飯＋汁物＋メイン＋サブ。この4種類は作る。最低限これがそろっていれば大丈夫！　と思って作っています。

▼献立はどのように決めますか
1週間の献立を土曜の夜か日曜の朝に決めて、それを基に1週間分の買い出しに行きます。

▼手を抜いているところ
私はルーがあるものは迷わずルーを使います。料理が得意だったり、好きだったりすると、ちゃんとモトから作ると思うのですが、私は料理に比重を置いていないので……。ルーを使っていてもご飯はおいしいし、夫や子どもたちもモリモリ食べてくれるので、ルーを使う＝悪いこととは思っていません。

▼日常のちょっとした楽しみと工夫
最近「マイノート」をつけ始めました。頭のモヤモヤがとてもすっきりするし、思ったことを書いておくだけでも、記録として残せるところがいいです。

空き部屋を整えました

emiさんの本『スチールラックのすごい収納』を参考に、ウォークインクローゼットもどきを作りました。手前から、パパ→ママ→みんなの冬服たちです。

いろんなラックやつっぱり系のものがあるなか、わたしは「メタルラック」を採用しました。移動可能、耐荷重が素晴らしい、アレンジ可能ってところがいいですね。

アレンジがいろいろできるスチールラックです。[パパエリア] 上段／平日の会社グッズ、下段／休日の服、サイド／ベルトやカバン。[ママエリア] 上段／トップス・引き出しに靴下やインナー、下段／ボトムス・バッグ。[みんなの冬服エリア] 上段／大人のもの、下段：子どものもの。

お金管理は模索中

我が家は共働きで、パパから生活費をもらい、食費、日用品、外食費、クリーニング代に利用。パパは自分の携帯や保険、ローンや会社のお昼代や飲み代を自分自身で管理。私も自分の携帯や保険、保育料は自身の給料から出してます。残りは各々でという感じです。

休日は、午前中に買い出し、食事の下ごしらえ。そして午後は洗濯物をたたみ、おもちゃの片付け、ベランダの片付け、トイレ掃除もしなくては……こういうとき「専業主婦になりたい！」って思います。でも好きなものを買いたいなら、自分で稼ぐしかない！　ゆるくあせらずまったりと、暮らせるおうちを目指したいです。仕事はちゃんと、家事はほどほど。家族がいちばん！

時短勤務で働いていますが、無理せずほどほどにやっていきたいです。

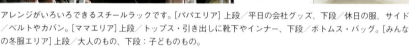

4歳児のお皿洗い

4歳の息子がはじめてお皿を洗ってくれた日の写真です。とりあえずお皿は割れないもの3～4枚程度だけ（というか自分のお皿だけ）を洗ってもらいました！ これだけで十分です！ キレイに洗ってくれました。

保育園や仕事から帰るとバタバタになってしまうので、なるべく夜準備を減らすために、夕飯作りを朝（週末は作り置きを少し）できるところまでするようにしています。できるときとできないときがありますが、できなかったとしても、まぁいっか、と思うようにしています。

上／はじめてのお皿洗い。　下／下ごしらえはいつも1週間分を作っています。野菜を切っただけのものもあれば、味付け冷凍のものもあります。

和室の収納を改造しました

和室の収納をプチ改造しました。押入れの扉は、空き部屋に置いてます。キッチンカウンターの下に置いていたスタッキングシェルフをおもちゃ収納に。気付いたら、無印良品が多めになりました。

子どものおもちゃは「ざっくりポイポイ収納」をモットーとしています。でも何がどこにあるかが分かるように、写真付きのラベルで判別しています。

パズル収納は100円ショップのケースを利用して、絵本は無印良品のハーフボックスを縦にして仕切り代わりに使っています。

上／おもちゃ収納は写真でラベリング。
下／子ども用のスペースです。

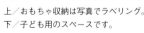

12

花田朋亜さん
Hanada Tomoa

おうちをリセットすると気持ちまで切り替わります

Instagram「@tomoa.jp」

子どもができてからも、夫婦だけで暮らしていた頃の家事のペースを理想としていました。するとストレスが溜まる一方だったので、肩の力を抜きハードルを下げることに。家族参加型でやるようにしたら、以前よりうまく家事が回るようになりました。

頑張りすぎないこと。気づいたときに少しずつやる、できることだけをやる、手を抜くところは抜く、ということをモットーにしています。

キッチンやリビングを掃除でリセットするのが好きです。忙しいとき、心が曇っているときこそリセットします！ おうちをリセットすると、自分の気持ちまで切り替わることに気づきました。

キッチンのスポンジを捨てるタイミングで、キッチン全体を念入りに食器用洗剤でゴシゴシします。泡は水洗いした布巾で何回かに分けて拭き取ります。毎日の汚れ取りはセスキと布巾で簡単に済ませてしまいますがたまにゴシゴシすると気持ち良いですね。

上／冷蔵庫の上の麻カゴにはお米のストックが入っています。　中／キッチン全体を念入りに食器用洗剤でゴシゴシしました。　下／重ねられる透明容器で調味料の残量を把握。洗剤はスッキリ見えるように無印良品のボトルに入れています。

子ども服はテレビの下の棚に

テレビ台の下に子ども服。子どもにも取り出しやすいです。

しょっちゅう服を汚すので子ども服の収納場所を、テレビの下に変えました。風呂上がりもそのままリビングで服を着させています。低い位置なので息子も取りやすそう。ざっくり畳んで、ざっくり並べて、お得意のざっくり収納です。カゴを使って4つのジャンルに分けています。

少ない物で豊かに暮らしたいと思っています。そのためには、自分の好きなものや好み、生活スタイルを知り、そうではないものはなるべく家に入れないようにしています。

そしてお部屋が狭い我が家は少しでも広く使えるようになるべく床に物を置かないようにしています。なので、床掃除がとっても楽。

なるべく床に物を置かないようにしています。

PROFILE DATA

▶住まい、年代、仕事、家族、趣味
岩手県盛岡市／29歳／接客業／夫、私、息子2歳／趣味は読書、お散歩

▶好きな家事
キッチンやリビングのリセット。

▶苦手な家事
料理。

▶家事について以前と変わったこと
気づいたときにすぐやる。なるべく後回しにしない。家事の渋滞が起きそうになったら早めに対応する。

▶手を抜いているところときちんとやっているところ
片付けやすさを重視しているので、箱の中までは整理収納せずに、手を抜いていますが、物の住所付けはきちんとやっています。

▶日常の中でのちょっとした楽しみ
朝のコーヒータイム。これがあると朝からいい気分になれます。

▶日常の中での幸せ
家族の笑顔があふれているときに幸せを感じます。そのためには、自分の気持ちに余裕があることが大事だと思うので、ストレスを溜めないように、無理をしません。

▶日常でのストレスと解消方法
家事が渋滞してしまうとストレスが襲ってくるので、家事渋滞予備軍の段階で処理。

▶忙しいときの工夫
息子が生まれてからは常に時間が足りなく、忙しいように感じます。明日の自分が少しでも楽になるように家事を前倒しして家事貯金をしたりしています。

13

namiさん

nami

偶数月は換気扇掃除をしています

Instagram「@ume._.home」

オキシクリーンで定期的に掃除します。

AUROフローリングワックスシート。手軽なのでウェットシートの代わりとして使っています。

エアコンの上には、PM2.5もカットできる厚手のフィルターを使っています。

リセット完了したシンク。

偶数月恒例の換気扇掃除をしました。揚げ物を多くやったので、いつもより汚れていました。換気扇には厚手のフィルターを使ってます。2カ月使っても、ギトギトにならずに簡単な拭き掃除で大丈夫なのですが、汚れは残したくないので、ファンは毎回「オキシ漬け」しています。オキシクリーンは専用のスプーンに少なめ3杯入れました。あとは水圧でモコモコにして放置、その後、流水で洗い流して、軽くふいて取り付け。ズボラ人間なので、そのあたりは適当です。なんとなく油臭さを感じ、定期的に行うようになった換気扇掃除。掃除した後の達成感があるので好きです。

それから、加湿空気清浄機のお掃除は消臭効果があるようなので、クエン酸でつけ置き洗いをしています。

年末にまとめての掃除は嫌なので、いろんな箇所を定期的に掃除しています。定期的な掃除は母がやっていたので、真似してやるようになりました。

家族みんなが居心地のいい空間にするために

子どもたちが片付けやすい空間にしたいです。

子どもたちが片付けをしない。そんなときは魔法の言葉を使ったり、片付けゲームをするようにしています。「誰がいちばんに片付けできるかなぁ？ よーいドン!!」といった感じです。子どもたちが片付けやすい空間作りがしたいです。

また、家族みんなが居心地のいい空間にするため、インテリアは全体的に統一感が出るように心がけ、また季節のお花を飾ることを楽しんでいます。

季節のお花や植物を飾っています。

PROFILE DATA

▼住まい、年代、仕事、家族、趣味

愛知県／30代／会社員／夫、私、長女3歳、長男2歳／旅行、フラワーアレンジメント

▼好きな家事

換気扇掃除（偶数月が換気扇掃除）、食事の支度

▼苦手な家事

高いところ、見えないところの掃除。

▼自分の家事についての長所

ながら掃除。テレビを見ながら……、お風呂に入りながら……、つけ置き中に……が多い。

▼手を抜いているところときちんとやっているところ

基本は手抜き。でも毎日やれば、やらないよりはきれいになる。掃除は定期的にやることで汚れがたまらず、掃除時間の短縮になる。

▼日常の中でのちょっとした楽しみ

自分の時間を作る。家族の誕生日などのイベントは大切に！

▼日常の中での幸せ

子どもたちの笑顔。どんなに忙しくても子どもたちとのスキンシップを大切に。食事や寝かしつけの際は1日の出来事を聞くようにしている。

▼自分を磨くためにやっていること

母だからと諦めるのではなく、女性としての時間を作るようにしている。美容であったり、好きなこと（リース作りなど）だったり。リフレッシュにもなる。家族もそれに理解してくれて感謝です。

14

ARINKOさん

ARINKO

衣替えなしの衣類収納に落ち着きました

「買い足しではなく買い替え」を基本にしています。

Instagram「@arinkomei」

今の家に引っ越してから、改めて衣類の多さにビックリしました。気持ちの整理をつけながら2年かけて、ようやく落ち着き、衣替えなしの衣類収納になりました。衣類の現状を把握することで「持ちすぎない」「増やさない」「買い足しではなく買い替え」が私の基本ベースになりました。

洗濯物が乾いたらそのままクローゼットに戻せるようにハンガーを統一しています。ほとんどを「かける収納」にしたことで、畳むという煩わしさから解放されました。ニトリの10本セットの白いハンガーで揃えたらスッキリ。洗濯も好きになりました。

主人のクローゼットは、下にある無印良品のケースに、左に夏物、右に冬物を入れて衣替えをしなくていいようにしています。主人は1回履いただけのデニムなどは洗わないので、ラタンのかごに入れてもらうようにしています。

左／娘のクローゼットも基本は「かける収納」。　下／ニトリの白いハンガーで揃えました。

玄関もシンプルに

最近はシンプルが好きで玄関先もこんな感じ。頂きもののカゴがお気に入りです。この中に主人の靴用品や私のサングラス、電動自転車のバッテリーなどを一時置きしています。

我が家は建て売り、モデルハウスでした。リビングは当初マリンテイストでしたが北欧インテリアが好きな私はじわじわと変えていきました(笑)。

シューズインクローゼットの棚はセスキでお掃除しています。ここにはストライダーを置いています。

玄関のカゴによく使うものを一時置きしています。

2畳くらいあるシューズインクローゼットです。ここに子ども用自転車を置いています。

PROFILE DATA

▼住まい、年代、仕事、家族、趣味
関西／30代／専業主婦／夫、私、長女4歳／暮らしを整えること

▼好きな家事
洗濯。きれいになった服を干して元に戻すルーティンが気持ちいい！

▼苦手な家事
お風呂掃除。

▼掃除についてのマイルール
日々のお掃除はやりつつ、汚れが気になった箇所はその都度するように。見て見ぬふりをせず溜め込まないように。

▼手を抜いているところときちんとやっているところ
料理は得意ではなく、なるべく時短で簡単にしたいのでほどよく冷凍物は使います！（野菜のみじん切りなど）／掃除を怠ったことは今の家に住み始めていちどもありません。どんなに早く家を出る日も起きる時間を早めて掃除します！　じゃないと気持ちよく家をあとにできません！

▼自分の家事についてほめられたこと
いつもきれいにしてるねーと言ってもらえるのですが、物が少ないからそう見えるのかもしれません。実際に友人が来る前に大掛かりな片付けなどは特にしません(笑)。

▼日常の中でのちょっとした楽しみ
朝のコーヒーと夜のひとり時間。

▼日常の中での幸せ
娘の成長。今の娘は今しかないので写真をたくさん撮るように。

15

光さん
hikari

お気に入りの水回り。汚れはためないようにしています

after　スッキリきれいになりました！

Instagram「@hi_t0704」

before　本当はダラダラしたいけど重い腰を上げ（笑）、今日しかできない！って思い込んで、頑張りました。

お気に入りの洗面所。

トイレもいつもより念入りに。

うちは、お義父さんが建てた二世帯住宅に住んでいます。昨年水回りや壁紙などリフォームをしました。こだわったのは新たに作った洗面台とキッチンです。それだけでも、キッチンに立つのも嬉しくなりました。

気づいた汚れはなるべく後回しにしないで、そのときにやるのがマイルールです。朝の数分で気になる箇所に掃除機をかけるだけでも気分がスッキリ。でも疲れているときややる気の出ないときは、少しぐらい散らかっていても気にしないで休むことにしています。

今日は、水回りの掃除を普段より念入りにやりました。換気扇掃除や、トイレも細かいところもいつもより手間をかけて。洗面台も床拭き、埃取り、鏡拭き、排水口と頑張りました。

食器を断捨離しました

食器棚の整理整頓をしました。面倒だけど全部出して、悩んで。使えるけどあまり使ってない、というものが何点もありました。捨てるのは勇気がいるし、無駄遣いしたなと反省させられます。もう100円ショップでは買いません。もう次、食器を買うときは、好きな「ポーリッシュポタリー」を買います！

高くても好きなブランドの食器を集めて大切に使いたいという気持ちが大きくなりました。

左上／全部出して整理整頓しました。　右上／もう100円ショップでは買いません。　右下／棚がスッキリしました。

鍵の住所を作りました

この間、物置きの鍵がない！　事件が発生。物置きの鍵は、家族みんなで同じものを使っていて、誰が使って持っていてもおかしくなく、いつものカゴに戻していなかったのは主人でした。今まではカゴにまとめて入れていたのですが探したり、なくても気づかなかったりするので鍵の住所を作りました。マグネットで、ドアの脇に貼り付けました。このおかげでなかったらすぐ気付くはずです。

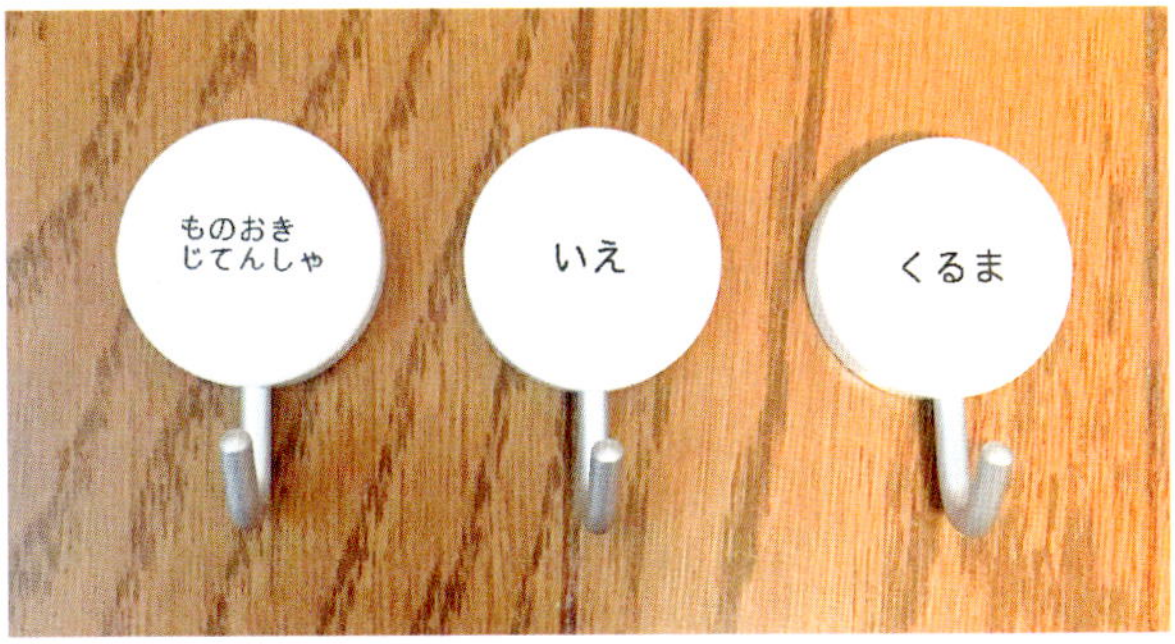

鍵を探すことがなくなります。

PROFILE DATA

▼住まい、年代、仕事、家族、趣味
北海道／30代後半／パート／夫、自分、長女10歳 次女7歳、長男4歳。上下完全分離二世帯住宅（お義父さん、お義母さん）／趣味キャンプ、音楽を聴く、ドラマを見る、整理整頓

▼好きな家事
整理整頓。納得いく整理収納にはなかなかできないけれど、試行錯誤しながら考えるのが楽しい。

▼苦手な家事
洗濯物をたたむ。アイロンかけ。お風呂掃除。

▼掃除についてのマイルール
小さいことでも毎日やる。気になったときはすぐやる。当たり前ですが、出したらしまう。掃除機はこまめに。「ながら家事」をする。

▼日常の中での幸せ
おいしいものを食べるとき。子どもに絵本を読んでるとき。家族でお出かけしているとき。姉弟3人で仲良く遊んでる姿を見たとき。お気に入りのモノが買えたとき。

▼日常でのストレスと解消方法
自分の時間が取れない日が続いたとき。子育てがうまく回らないとき。たまにひとりの時間をもらう。音楽を聴く。断捨離をします。

▼忙しいとき
毎日、忙しくて時間が足りないと感じています。子ども→家事→自分、と優先順位をつける。できないことがあっても自分を責めない。

16

山岡真奈美さん

Yamaoka Manami

家を整えることは気持ちや生活を整えること

汚れに気づいたらささっとキレイに。

Instagram「@manakirara22」

洗面所と浴室の小物を酵素系漂白剤「オキシクリーン」で「オキシ浸け」。きれいにすすいで乾燥させます。

お疲れさま、の肌着や服や靴下たち。掃除用の布としてもうひと活躍。

片付けや掃除が好きです。暮らす場所を整えることで、生活全体が上手く回りだすように思います。子育てに追われだしたときに、家を整えたことで、気持ちよく子育てができるようになりました。

できるだけ汚れをためず、気づいたそのときにささっと済ますということを習慣にしています。自分が無理なくやれる方法を探して、柔軟に変化させていく、ほどほどがちょうどいいですね。

丸く掃く掃除でも、日々コツコツと繰り返すことで、自然と四角く掃除ができているようになります。寝る前と朝のリセット作業は欠かせません。洗う前のタオルや着古した肌着や服や靴下たちは、チョキチョキと小さく切って掃除用の布として、最後にもうひと活躍。あちこち拭き拭きしています。

時間がないとき、余裕がないときも、家を整えることだけは、気持ちや生活を整えることに繋がるので、できる限りきちんとしています。

「幸せだな」って呟いてたら

子育てしていたら、毎日が面白いくらいドタバタします。

「幸せだな」って呟いていたら、いつも通りの毎日もいつもより少し哀しい日も段々と幸せに思えてくる。

うん、きっと幸せなのだろうな。

何かの本の受け売りなのだけど……(笑)。その本には確か、子育てが辛くなったとき、辛すぎてもしも子どもをかわいいと思えなくなったとき、そんなときには「かわいいね」「かわいいね」と、再びかわいいと思えるようになるまで子どもに言い続けなさいと書いてあった。

辛いことだけではないけれど決して楽しいことばかりでもない。人を育てるって何だろう？ って時々ふと思う。

子育て中って、毎日が面白いくらいドタバタします。

洗濯のときのひと手間

洗濯した衣類を干す前に。たたんでパンパンとたたく。友達も洗濯のひと手間をやっていると知って、何だか嬉しかった昨日。少し面倒に思える洗濯も今日はやや楽しく、気持ち丁寧にできた気がしました。子どもや家族や家を、いとおしいと感じるみたいに、暮らしや、家事のヒトコマをいとおしい、と思いながら生活できたら素敵かもしれない。ちょっと大袈裟かもしれないけれど、でも、丁寧に暮らすってそういうことなのかも、とも思ったり……。

衣類を干す前に、パンパンとたたくひと手間。

PROFILE DATA

▼住まい、年代、仕事、家族、趣味
岡山県／37才／主婦／夫、私、長女11才、長男7歳、次男4歳／インテリア、写真を撮る観る、ランニング

▼好きな家事
片付け、掃除

▼苦手な家事
料理

▼理想の住まい
経年変化が素敵な家。大切にメンテナンスを繰り返し、年月を重ねることを楽しみたい。

▼日常の中でのちょっとした楽しみ
家の中に花や緑を添えて、日常にホッとする瞬間を作っています。自分のために、丁寧にコーヒーを淹れる。

▼日常の中での幸せ
子どもや主人と、ゆっくりと向き合える時間（そのため家事を効率よく、でも丁寧にできる工夫を常に追求）。／ふと友達が遊びに来てくれたとき（いつでも人を家に呼べるように整えるようにしています）

▼忙しいとき
時間がないときは、たいてい物事に対して欲張ってしまっているときです。少し立ち止まって日常をシンプルに考え直す。家事の断捨離、生活の見直しなど。

▼自分を磨くためにやっていること
読書。ランニング。片付けや掃除も、自分磨きのひとつだと捉えています。

2 心地よいシンプルな空間作り

掃除、片付け、暮らしの工夫。
毎日きちんと、自分ならではの
やりやすい方法を見つけている人たち。

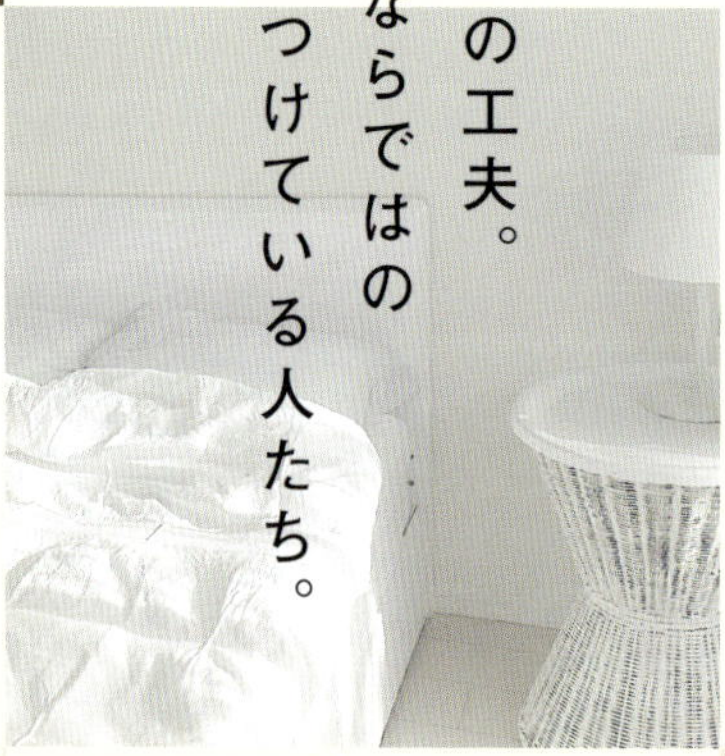

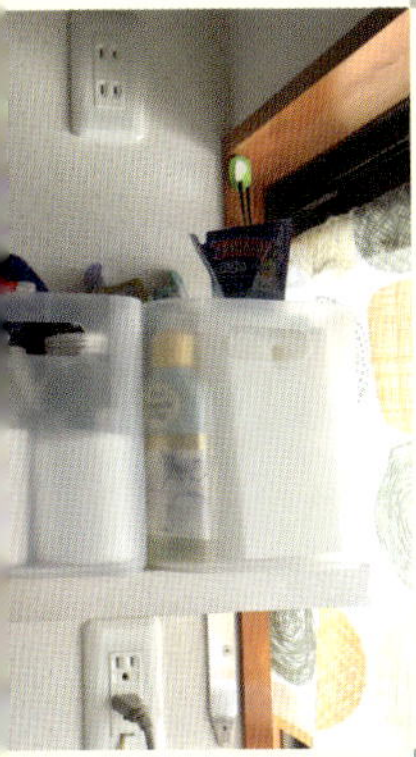

17

meguさん

megu

今好きなものが10年後も好きかなと考えます

モップは無印良品のものを愛用しています。

Instagram「@meguri4」

掃除機はマキタとミーレ。スプレーボトルには「ドーバーパストリーゼ」を。

掃除や片付けが終わった後の達成感が好きです。朝ルーティンの掃除をすると、その日1日シャキッといろいろなことに目が向けられて何事も段取りよく進む気がします。

朝起きたらまずケトルのお湯を沸かしお茶の準備をしてから、サーッとリビングから玄関までモップがけをして、コロコロでソファやラグをキレイに。最近はインフルエンザ対策で5分ほど窓を全開に。10時までにはマキタの掃除機でこれまたサーッと全体を。最近は夕方にメインの掃除機で念入りにかけています。今まではずっと朝の家事で念入り掃除機がけをしていましたが、猫を飼っているのでこまめに掃除をしたいのと家が本当に汚れるのは娘が帰ってきてから、ということで、夕方にしっかりやるようにしたら夜のサッパリ感が気持ちよく、次女と過ごす朝の時間が増えて我が家のライフスタイルには合ってるような気がします。

掃除も片付けも1日1カ所は重点的にやることを決めています。「毎日ちょこちょこ」が続けられる秘訣です。

掃除機はマキタとミーレを使い分け。スプレーボトルには「ドーバーパストリーゼ」が入っています。窓や鏡の汚れを見つけたときにさっと拭けるようにエプロンのポケットに入れて掃除して回っています(笑)。

キッチン背面の飾り棚がお気に入りです

今好きなものが10年後も好きなのかな？　と考えたとき、ずっと変わらず好きだと思う無印良品の家具やインテリアを取り入れてシンプルだけどナチュラルな家を目指しています。

キッチン背面のアクセントクロスと飾り棚は、家に入っていちばん目に付く場なのできれいに。棚の真ん中の、小さなお花は、昨日誕生日だった私に長女が摘んできてくれたもの。今日はガミガミ言わないでおこうと心に誓いました(笑)。

炊飯器の保温をやめるべく、おひつを買いました。おひつに移して食卓にも持っていけるので、フードファイター並みに食べるパパのおかわり対策にも(笑)。これで炊飯器での保温をしないことに慣れたら、憧れのストウブでご飯炊いてみたいなと思っています。

10年後も好きかな、と考えてモノ選びをします。

PROFILE DATA

▼住まい、年代、仕事、家族、趣味
長野県／30代／パート／夫、自分、長女6歳、次女4歳、猫一匹

▼好きな家事
掃除、片付け

▼苦手な家事
料理

▼以前と変わったこと
前まではとりあえず見た目重視！としまいこんでしまったり詰め込みすぎたり。今は使いやすさ重視で使う場所にものを置き、ものの量も持ちすぎない8割収納を目指しています。

▼住まいについて
築50年以上の家を建て替え、限りある土地の中にたくさんワガママを詰め込んでもらいました。陽当たりと風通り、冬も快適に過ごせることを重視しました。

▼日常の中でのちょっとした楽しみ
掃除したら、片付けしたらと何かの作業の合間はコーヒー休憩。

▼日常の中での幸せ
休日に子どもたちが遊んでいる姿を後ろから見ていると幸せだなぁと感じます。

▼日常でのストレスと解消方法
家が乱れているとき。散らかったまま出かけたときなどは帰ってきてがっかりするので、疲れていてもバーッと掃除してしまいます。サッパリした部屋になるとイライラやストレスが発散される気がします。

食器棚は月末に定期的に掃除します

最近サボり気味だった食器棚の中の拭き上げを午前中にやりました。中身を全部出して拭いてしまいます。簡単だけど後回しになりがちなのでなるべく定期的に。月末にやるようにしています。

　あまり使っていない食器については、「使わないのは、他の食器で事足りているからか取り出しにくいから使わないのかな？」と、他の食器で代用できるものは思い切って断捨離。取り出しにくい場合は収納の仕方を見直します。

　マグカップやグラス、小さい器やコースター、充電器は引き出しへ。お弁当グッズは１００円ショップのＢＯＸにひとまとめにしています。持たない暮らしに憧れるけれど、我が家には今のところこれが適正量かなと思っています。

食器棚は無印のもの。

左上／アクリル仕切り棚を使って収納しています。右上・左下／マグカップやグラス、小さい器やコースターは引き出しへ。　右下／お弁当グッズは100円ショップのボックスにまとめています。

ランドリースペースの収納に無印良品

ミラーキャビネットはIKEAのものです。

洗面下の造作棚。引っ越し当時はタオルしか置いていなかったのですが、今は利便性に負けて（笑）、上段には姉妹の肌着、カゴの中はカラフルな子ども用タオル。下段左は姉の通園用の服。下段右は姉妹のパジャマ。洗濯機横には、洗濯ネット、洗剤、大判バスタオル2枚を入れています。

　下段収納に使った無印良品のポリプロピレン収納ケース奥行き37cmは、服や子どもが増える度に買い足しています。上段のストッカーも前の家ではキッチン収納に使用していたものの使い回しです。使う場所が変わってもしっくりくるところ、さすが無印だなぁとますます無印好きになります（笑）。またライフスタイルに応じて収納も見直していきたいと思います。

寝室の模様替えをしました

先日寝室の模様替えをしました。ベッドの向きを変えて、前の家で使っていてずっとどこで使おうか悩んでいた無印良品の長押《なげし》をつけてもらいました。スマホを充電したり、読み聞かせた絵本を仮置きしたりといろいろ使えそうです！模様替えと共にボックスシーツも新調。ベルメゾンデイズの先染め綿100%のボックスシーツ型敷きパッドです。敷きパッド特有のゴムがないので見た目もスッキリ！洗ってもすぐ乾くので、トイトレがまだ完了していない次女がいる我が家には、洗濯するのも楽ちんでぴったりです。

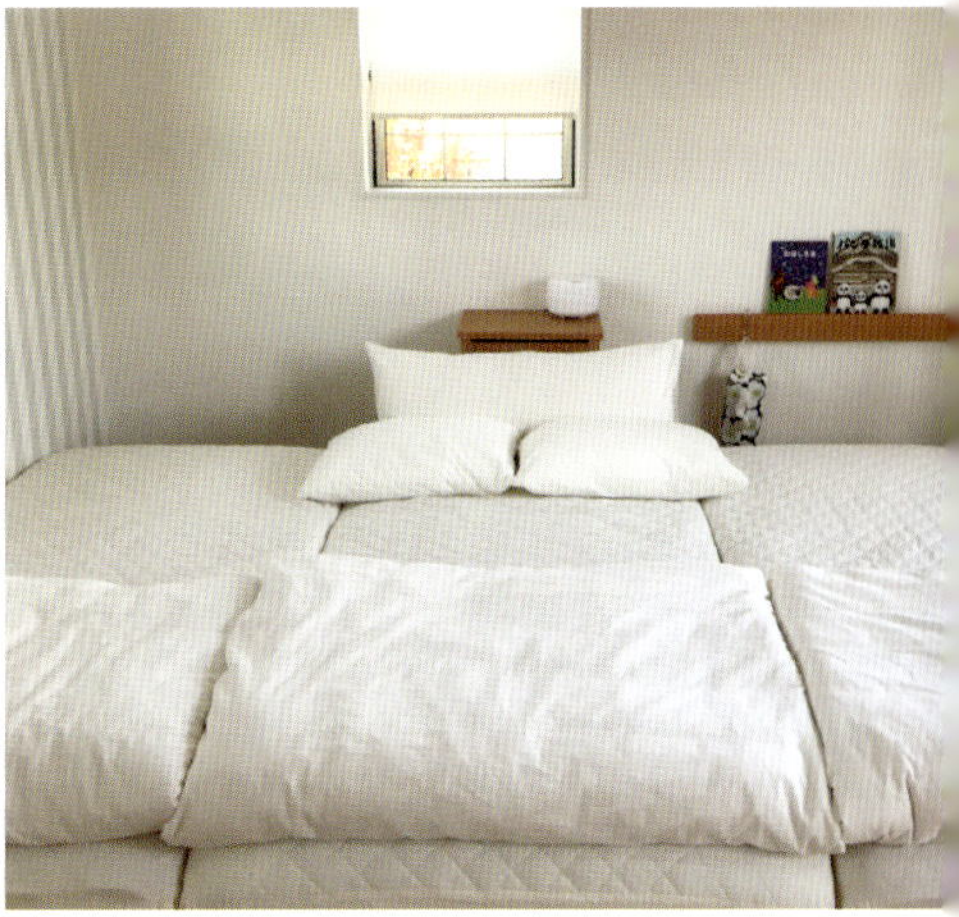

ベッドは無印良品の脚付きマットレスのシングルを3つ並べています。

窓の桟のお掃除

月初めはお風呂の念入り掃除と決めています。床の黒ずみが気になるので、排水溝にビニールで蓋をして、オキシクリーンをバーッと撒いて、60℃のお湯を流し入れて漬け置き。ついでにエプロンカバーやステップ等も漬けます。

　待っている間長らく見て見ぬふりしていた巾木と窓の桟のお掃除を。ブラシで埃や汚れをかき出して、たくさん余っていたお尻拭きウェットティッシュで拭き、アルカリ電解水をシュッとして仕上げにもう一回拭き上げます。家中となると大変なのでちょこちょこと。溜めないでやるのが大事だなと痛感しています。

無印良品のファスナー付EVAケースに、「ウェットティッシュのふた ビタット」を仮留めし、蓋を開けてボールペンなどでぐるっと枠をなぞります。そのあとに仮留めを外してハサミとカッターで切り抜きました。

昔から夫婦で建築が好き。オンリーワンの家を作ることにこだわりました。

18

yukoさん

yuko

心地の良い空間を作ることは私の役割です

Instagram「@yuko_casa」

我が家は、玄関を開けるとすぐにキッチンがあり、天井高4メートルの空間に五角形のステンレストップのキッチン台兼ダイニングテーブルがいきなり現れます。開放感のあるキッチンと、包まれたような空間のダイニングを褒めてくださる方が多いです。

夫婦で建築が好きなので、私たちはオンリーワンの家を作ることにこだわりました。建築士さんにはどんなふうに家を使いたいか、夫婦の夢や目標、想いを伝え、要望を反映してもらいました。

だからこそ、家族とこの家で過ごす時間を大切にしています。子どもたちはのびのびと遊び、主人には仕事から帰宅したらリラックスしてもらいたいです。そのためにはベースとなる掃除・整理整頓をはじめ、インテリアにこだわったりグリーンを欠かさないようにして、心地の良い空間を作ることが私の役割だと思っています。

上／段差が椅子となり、部屋と部屋の境界線でもある。どこに居ても居場所が見つかる、ユニークな設計。
左／緑を毎日眺めたい私たち。キッチン奥は、借景が臨める、堀りごたつのあるダイニングです。

料理をすることが好きです

私は料理をすることが好きです。ごく普通の家庭料理でも、見せ方次第で何倍にもおいしそうに魅せることができると思っています。食べてくれる家族の笑顔を想像して作る料理は私にとっては幸せなことで、相手からの〝おいしい〟のひと言は最高のプレゼントです。

　年々、長く愛用できる道具選びを大切にするようになりました。ご飯を炊くために愛用しているのは、マタタビの米とぎざるとシュロ、炊飯用の土鍋、長谷園の「かまどさん」。炊き上がったご飯を移すのは陶器のおひつ。おむすびをのせるのは、木工作家の小沢賢一さんのカッティングボードです。

　今年は7歳の娘とふたりで料理をたくさん作ることがひとつの目標。新しいエプロンを着けた娘が、自分でコツをつかみながら一枚一枚丁寧にクレープを上手に焼く姿はすっかりお姉さんでした。

朝起きたら一番にご飯を炊きます。

左／娘とふたりで料理をたくさん作ることが目標です。
右／料理は「五味五色（5つの調理法、5つの色）」をベースに。おむすびは、心を込めて結んでいます。

PROFILE DATA

▼住まい、年代、仕事、家族、趣味特技
横浜／35歳／自営業／夫、自分、長女7歳、長男5歳、次男2歳／器を集めること、空間を整えること（掃除や整理整頓）

▼好きな家事
料理。「五味五色」をベースに器と盛りつけを大切にしています。夫と子どもたちがよく「お母さんのご飯がいちばん好き！　いちばんおいしい！」と言ってくれます。

▼きちんとやっているところ
毎日のキッチンのリセットと、常備菜作りやご飯作りの下ごしらえ。「汚れたらすぐに拭く」を徹底。

▼日常の中でのちょっとした楽しみ
毎朝ご飯が炊きあがるまでに白湯やお茶を楽しむ。お風呂で本を読む。主人とドラマや映画を観る。休日に子どもとの時間を持つために、家事はできるだけ平日に済ませます。

▼日常でのストレスと解消方法
育児で上手くいかないと感じたとき。子どもときちんと話し合う。

▼忙しいときの工夫
家事（仕事）と育児を同時にこなしているとき。その家事や仕事は今やらなければいけないのか？　と考え、優先順位を決め、手を止めて子どもに目を向ける。

▼自分を磨くためにやっていること
たくさんの人の話を聴かせていただくこと。良いと思った事は自分に置き換えてチャレンジ。毎日10分間のストレッチと筋トレ。

スポンジを新調しました

食器洗い用のスポンジを新調しました。「ENJO（エンヨー）」というブランドの、水だけで洗えるスポンジです。2個購入して毎日洗濯して干したものを交互に使っています。

食器洗いはレデッカーのブラシを使ってお湯で下洗いをしてから、エンヨーのスポンジで洗い、すすぎます。これで十分きれいになりますし、すすぎ時間が短く、陶器や木製品が多い我が家には最適な方法です。

油が多い鍋などは水で希釈した「森と…」というキッチン洗剤をスプレーしてから洗っています。リピートしている愛用品です。まぁるい亀の子たわしは、まな板用です。木のまな板は必ず水とたわしを使って洗うと料理家の有元葉子さんの本で読んでからは水とたわしを実践し続けてますが、お陰で黒ずみがありません。

デザインや使い心地の良いお気に入りの道具を見つけられると、それだけで掃除がはかどります。

掃除道具はいろいろあって調べるだけでも楽しいですね。

庭掃除用のほうきを新調

庭掃除用のほうきを新調しました。置いておいても絵になって、機能性も重視した混穂ぼうき。今までホームセンターで買った柔らかめのものを使っていたので、このほうきのコシの凄さには驚き……！砂利の落ち葉や、細かい砂ぼこりもきれいに取ってくれます。さすがメイド・イン・ジャパン。ほうきひとつでお掃除のテンションが変わりますね。そして娘はこれで魔女ごっこして遊ぶんだろうなぁ。

玄関は特にきれいにするように心掛けていて子どもたちには「玄関は神さまの通り道で、ここから神さまが入ってくるからきれいにしておこうね」と靴を揃えたり玄関タイルを拭いたりして入り口を整えることを教えています。

玄関は来訪者に気持ちよく入ってもらうため、オープンな空間にしてもらいました。

拭き掃除を念入りに

私の毎日の掃除習慣は、朝にモップ掛け、夜にキッチンをゼロに戻し、空間を整えることです。

朝一番にモップ掛けをして気持ちと空間を整えます。その後は家族を見送ってから掃除機や洗濯物を干します。そしてプラスαで曜日ごとに掃除をする場所を決めていて、例えば月曜日はツキを呼び込む玄関周りやエントランスの掃除。火曜日は火に関するガスコンロや換気扇周りの掃除。水曜日は水に関する洗面所やお風呂、トイレ掃除といった具合です。

昔は気になった所をやみくもに掃除していましたが、やり残してしまうことにストレスを感じていました。曜日で決めてしまえばシンプルでわかりやすく、先の見通しが立てられるため安心できます。この方法は予定を立てることが苦手な私にぴったりです。

拭き掃除を大切にしています。部屋に淀んでる悪いものが取り去られて、空気も澄んだように。そして気持ちも穏やかになります。

娘のバレエ、本番の日

今日は娘のバレエの本番です。この日のために7月からほぼ週5回のペースでレッスンを頑張ってきました。

舞台に立つことが恥ずかしいと話していたのに、前日のレッスンで吹っ切れたんだそう。

晴れやかな顔をして「本番が楽しみ！」と踊りながら話していました。頼もしい限りです。

仲間と力を合わせて高みを目指し、何かを創り上げる経験はかけがえのないもので、人生の糧となるはず。

ひとり行動が多かった私はそんな経験を小さな頃から積み重ねている娘を羨ましく思い、厳しいことも多い世界にいつも笑顔でレッスンに通う娘を尊敬の気持ちで見ています。

時々家で踊ってくれるときに去年よりもクルクル回れるようになっていたりして、運動オンチな私はただただ感動。

その積み重ねが今日披露されることが楽しみで楽しみで。はぁ〜私がドキドキしてきた。がんばれがんばれ〜!!

晴れやかな顔をして「本番が楽しみ！」と踊りながら話していました。

19

渡邊かおりさん

Kaori Watanabe

ミニマルな空間ですっきり美しく暮らしたい

Instagram「@____3_1」

テーブルは「cogu/小具」さんのもの。大きなお鍋やお皿を置いても余裕があるのが嬉しいです。

今年、新居が完成しました。建築家の先生の世界観がとても素晴らしく、どこから見てもいつも発見がある、楽しい家となり毎日とても楽しいです。適度にプライベートな空間を保ちながら、家族それぞれが気持ちがいいと思える空間となり、とても満足しています。

インテリアには、長く使えるもの、作り手の顔が見えて大切に思えるものを、と考えてソファーやテーブルを決めました。このスッキリと片付いた空間を保つために、リビングやダイニング、キッチンは物を上に出さず、すぐ整理することを心がけています。

お掃除の面積は広くなりましたが、お手入れはしやすくなりました。お掃除が苦手ですが、とにかく毎日の習慣にするようにしています。

無花果と生ハムのサラダ。吉田次朗さんの器に。

お気に入りのキッチン

なら材のキッチン。最近の新築では珍しいかもしれませんが壁付けです。

当初、私も対面を希望していましたが、空間をスッキリ使える壁付きキッチンが最高にお気に入りです。全長5m、さらにコンロの背面に大容量の収納があるため、パントリーがなくても大丈夫でした。食洗機はAEGエレクトロラックス。いろいろと調べていたときはドイツの「ガゲナウ」などにも憧れたけれど、AEGも使いやすくて大満足。

大きなオーブンを導入したので、いろいろとオーブン料理にチャレンジしたいと思います。お料理は新しいものや、お友達に教えてもらったレシピなど、新しいものを作ってみることが結構好きです。

木のキッチン。お気に入りです。

PROFILE DATA

▼住まい、年代、仕事、家族、趣味
北海道／40代／デザイン業／夫、長男／カフェ巡り、お友達と家でのんびりすること

▼好きな家事
お洗濯とお料理です。

▼苦手な家事
お掃除が苦手です。特にお風呂掃除や窓拭き、雑草抜きなど。

▼掃除についてのマイルール
とにかく溜めてしまわないこと！毎日少しずつ、続けることが大切だと思います。

▼日常の中でのちょっとした楽しみ
晴れた午前中の時間がとても好きです。家事を全て終わらせてのんびりします。音楽をかけ、コーヒーを飲んだり、本を読んだり。その時間に訪ねてくれる友人と、お家でワイワイとお喋りする時間もまた、幸せな時間です。

▼日常でのストレスと解消方法
仕事の締切と家事が重なって時間がないときでしょうか。できるだけ何もしなくてもいい時間を少しでも見つけて、リセットするようにしています。

▼自分を磨くためにやっていること
自分が心から惹かれるもの、素敵なものを見つけること。そして比較し、分析する。でも真似ではなく、あくまでも自分としてやりたいことをやるようにしています。

広い玄関ホール

建築家の小坂裕幸さんにお願いした家。家中どこを見ても私の好きな空間が広がっていて、今までよりさらにお家時間が好きになること間違いなし、と思います。寝ても覚めても家のことを考えていたこの数カ月。朝、目が覚めると真っ白の天井が見える、とても素晴らしい空間。大好きな自分の家、大切にしたいと思います。

ミニマルな美しい空間。ストイックに整えられていてインターホンや給湯パネルなども見えないよう小さな扉の中に納められています。

ミニマルな玄関が大好きです。

陽が差し込むリビング

夕暮れどきなど、時間によって差し込む光がいろいろな表情を見せてくれます。大きな窓から大きな大きな栗の木が緑が見えるこのアングル、お気に入りです。

すっきりシンプルな暮らしが目標だけど、そう言いつつも、引越ではいらない物も荷造りしてしまっている気がします。新居では物を整理したいです。

このアングルがお気に入りです

収納が苦手です

収納が苦手です。こればっかりは向いてないとしか思えない。新居の収納用に箱をいろいろと購入しました。ウォークインクローゼットを作れなかったので、部屋の壁面にある隠せないクローゼットをいかに見た目美しく収納するかという難題に頭がいっぱいです。同じ箱をずらりと並べて見た目だけでも気持ちよく。

ハンガーはMAWAで揃え、収納上手でも有名なアートディレクターの平林奈緒美さんのバンカーズボックスを大人買いし（滅多にしません）、服は徹底的に断捨離した結果、とてもすっきりと整えられて大満足。服を断捨離していたら、いつも着る服ってほんの数枚だということに気づく。さらに色別に並べたら白・黒・グレー・生成りの4色しかない。冒険できない人なのでした（笑）。

上／いつも着る服ってほんの数枚だということに気づきました。下／バンカーズボックスに収納しました。

朝のサニタリー

我が家の洗面スペースはお風呂とは離れた場所にあり、独立していてとても広々としています。洗面スペースの前にはトイレがあります。

来客の多い私の家。建築家のアイデアで、お風呂と脱衣場、洗濯スペースはお客様の目に触れない場所に分離させ、トイレと洗面スペースは見せる空間にしてもらいました。

鏡の中には歯ブラシなどが置けるように棚を作り、タオル類は別に収納しているため、とてもスッキリとしていてお掃除も楽です。

リビングからグルグルと階段を周り、玄関ホールを経てコンクリートの階段を降りると真っ白の洗面スペース。光をとても大切に扱う建築家の作る家。朝も夜もとても気持ちが良く、白く長い洗面台の左上の採光窓からは午前中は光が、夜は月が顔を覗かせます。光の変化を毎日楽しんでいます。

光の抑えられた階段の下には、真っ白に輝く洗面スペース。ここもとてもお気に入りです。

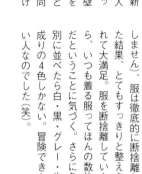

毎週金曜は念入り掃除デーです。

20

Miyokoさん

Miyoko

子どもの頃から掃除をしてきれいな部屋で過ごすのが好きです

Instagram「@mk.1010」

きれい好きの母の影響で、子どもの頃から掃除をしてきれいな部屋で過ごすのが好きでした。食後の食べこぼしや消しゴムかすなど毎日出るゴミはすぐに掃除しています。

汚れが目に付いたときは絶対に後回しにせず、すぐに掃除するようにしています。そのために、スティッククリーナーや羊毛ダスターなどはすぐに手に取れる場所に設置しています。

毎週金曜日は念入り掃除デーと決め、週末を気持ちよく過ごせるようにしています。

キッチンは、排水口の除菌、水切りカゴの掃除、ゴミ箱の拭き上げなど、毎日はしないことをやると決めています。

1週間使ったキッチン、きれいにリセットして気持ちいい週末を過ごしたいです。

上・左下／お菓子や野菜を入れる大きめのカゴを買いました。じゃがりこもこんなにたくさん入ります。　右下／サンゲツのタイルカーペットを敷いています。

子ども用のロッカーが便利です

小学校も幼稚園も、長期休みの期間に、自宅で保管しておくものを全部持って帰るので子どものロッカーはパンパンです。ピアニカ、お道具セット、粘土、絵の具道具、図書の本などなど。扉があるロッカーは、本当によかったです。

デスクの上が置きっぱなしにならないよう抑止効果もあり、たっぷり収納できちゃう子どもロッカー。我が家のお気に入りです

シーズンごとにロッカー内で軽く衣替えをして、その時期不要な衣類や制服などは1番下の無印良品のソフトボックスに収納しています。

真ん中に写ってる小さめのソフトボックスは、我が家では「次の日ボックス」と呼んでいます。翌朝の着替えのときに必要なものを全てこのボックスに準備しておきます。娘も幼稚園の頃から今もずっと同じシステムなので、スムーズに朝の着替えなどの準備ができています。

ロッカーは、IKEAの「STUVA」というシリーズのものです。

左／真ん中に写ってる小さめのソフトボックスが、「次の日ボックス」です。右／ベランダにもIKEAの屋外キャビネット。物干しグッズを収納しています。

PROFILE DATA

▼住まい、年代、仕事、家族、趣味

広島県／30代／専業主婦／夫、自分、長女7歳、長男5歳／片付け、収納

▼好きな家事

掃除

▼苦手な家事

料理

▼手を抜いているところときちんとやっているところ

朝食作り。朝は前の日の残り物やパンやグラノーラ、野菜ジュースなどで手抜き。そのぶん土日は和食メニュー。掃除面でも普段は掃除機がけはスティッククリーナーのみだったり、トイレ掃除はペーパーと洗剤で便座を拭くだけ。洗面ボウルはハンドソープと手で汚れを流すだけだったり、時短掃除です。そのため毎週金曜日の掃除機がけは個所ごとにノズルを替えて細かい部分（空気清浄機のフィルターや窓のサッシ・網戸など）まで、トイレは便器の中やウォシュレットのノズルといった部分を強力除菌クリーナーやブラシを使って細かく掃除します。

▼日常の中でのちょっとした楽しみ

アロマディフューザーをたいてリラックス。ひとりの時間に必ずティータイムをもうける。

▼日常の中での幸せ

家族4人揃っての夕食。

▼自分を磨くためにやっていること

子どもといる時間を最優先にSNSを上手く利用。家族があってこそ自分が成長できると思っています。

お皿は丈夫で合わせやすいものを

我が家のお皿のほとんどはイッタラ社の「ティーマ」です。和食でも洋食でも、また他のカラーや柄の器とも合わせやすいようにカラーはホワイトです。サイズ、形違いで数枚ずつ持っています。

大皿は料理をそのまま出したりワンプレート料理にも使え、小皿は取り皿にもなります。ボウルはスープや麺類、どんぶりに。どのサイズも形も大活躍です。丈夫なので我が家では子どもたちも毎日ガンガン使っています。

ホワイトで、サイズ、形違いで数枚ずつ揃えています。

週末に娘と一緒にデスクの掃除を

週末は、娘と一緒にデスクの掃除をしました。引出しの中は、娘の大切なものでいっぱい。かわいい文房具を見つけると買いたくなるお年頃です。収納ケースは、無印良品とセリアのものです。娘は今2年生で、まだ教科書も少ないので、デスクの上に無印のファイルボックスを置いて、そこに保管しています。

このデスクも無印良品のものです。

毎朝このボードでスケジュールを確認しています。

スケジュールはブラックボードに

小学校と幼稚園の月間スケジュールは、アイリスオーヤマのブラックボードに貼っています。提出物の締め切りなど、もれがないよう毎朝このブラックボードで確認しています。廊下からリビングに入った扉の横に設置しました。ここを定位置にしたら、たくさんもらってくるプリント類も管理しやすいです。2箇所ほど、壁にフックを指して、そのまま両サイドを引っ掛けています。

我が家の収納は掃除のしやすさも重点に置いています。

換気口にフィルターを貼っています

洗面所とトイレに設置してある24時間換気のホコリ対策に、フィルターを貼っています。2週間もすればうっすら黒くなって、ホコリがついています。

フィルターを交換したらウェットティッシュで汚れをサッと拭き取り、新しいフィルターを貼り付けるだけなので、お手入れが楽ちんです。

ついついフィルターの交換が後回しになりがちなので、すぐに取り出せるようフィルター専用の引出しを廊下の収納庫に設けています。

洗面所の棚は、ＩＫＥＡの「ＡＬＧＯＴ（アルゴート）」のシステムで、必要なパーツを購入して自分で取り付けました。

棚にあるのは無印良品のブリ材のバスケット。入浴後に着る下着とパジャマを1セットずつ準備しています。

オープンキッチンだから全部きっちり片付ける気になります。

21

Maiさん

Mai

スッキリした空間を保つお掃除とインテリアの工夫

Instagram「@gpgp_ismart」

結婚してマイホームを建ててからは家事に対する意識が高まりました。せっかく頑張って建てた家を簡単に汚すわけにはいかないという気持ちがあり、いろいろ試行錯誤しながら自分に合う掃除の仕方を見つけていきました。広々としたキッチンになったので調理しやすいスペースと、お気に入りのキッチンツールや食器を揃えておける空間を手に入れ、料理するにもモチベーションが上がりました。私にとってマイホームを建てたことは転機だったと思います。

何も置いてない状態のキッチンカウンターが大好きです。オープンキッチンは全部丸見えで隠せないという意見もありますが、私は逆に丸見えだからこそ全部きっちり片付ける気になるのでオープンキッチンにして良かったなぁと思っています。

リビングは吹き抜けなので天気が悪い日も電気いらずの明るさです。

床拭きロボットは最高です

ブラーバに床をきれいにしてもらい、その間にお風呂掃除、トイレ掃除、洗面台掃除、洗濯を済ませました。ブラーバのおかげで手間も時間も省けて効率よく家事ができて本当に助かります。19畳のリビングだと終わるまで1時間半くらいかかるので結構のんびりですが、掃除の負担は減るし、壁際の隅々まできれいにしてくれるし、階段からも落ちることもないです。うちにはルンバはないですがブラーバは週に1回くらいでやっています。

最近外出する前にブラーバを起動させています。帰ってきたらサラピカの床がお出迎え！

PROFILE DATA

▼住まい、年代、仕事、家族、趣味
東海地方／29歳／医療関係（パート）／夫、自分／ネットショッピング、スノーボード

▼好きな家事
しいていえば洗濯です。ソファーのカバーやトイレスリッパなど自宅の洗濯機で丸洗いできるものを選ぶようにしています。

▼苦手な家事
お風呂掃除

▼手を抜いているところ
時間のないときは、毎日使う箇所や目に付きやすい箇所だけやるようにして完璧は求めません。床拭きロボットのブラーバを使っています。家事は毎日のことなので、便利なものがあれば積極的に取り入れたい。

▼きちんとやっているところ
朝、主人を見送った後にトイレ掃除、洗面台掃除、掃除機がけ。そしてにキッチンリセット。

▼住まいについて
低ランニングコストで快適な過ごしやすい家にしたいと思ってマイホームをつくりました。

▼理想の住まいについて
スッキリした空間が理想です。そのために、ものは必ず収納スペースに片付ける、部屋の中に無駄に家具や収納グッズを置かない、隠すことのできないもの、出しておきたいものは色を揃える……ということを心掛けています。

お風呂掃除は苦手だけれど

排水口、桶や椅子、浴槽の蓋など洗うものがたくさんありすぎるので、お風呂掃除は苦手です。

毎日の掃除は、スポンジとお風呂用洗剤で洗って、たまにクエン酸スプレーで拭き取りをしています。

先日は浴槽の排水口と給湯口も取り外せると知ったので外して掃除しました。定期的に「パイプユニッシュ」をしているので、すごい臭いや汚れがまとわりついてることはないですが、たまにはやりたいと思います。

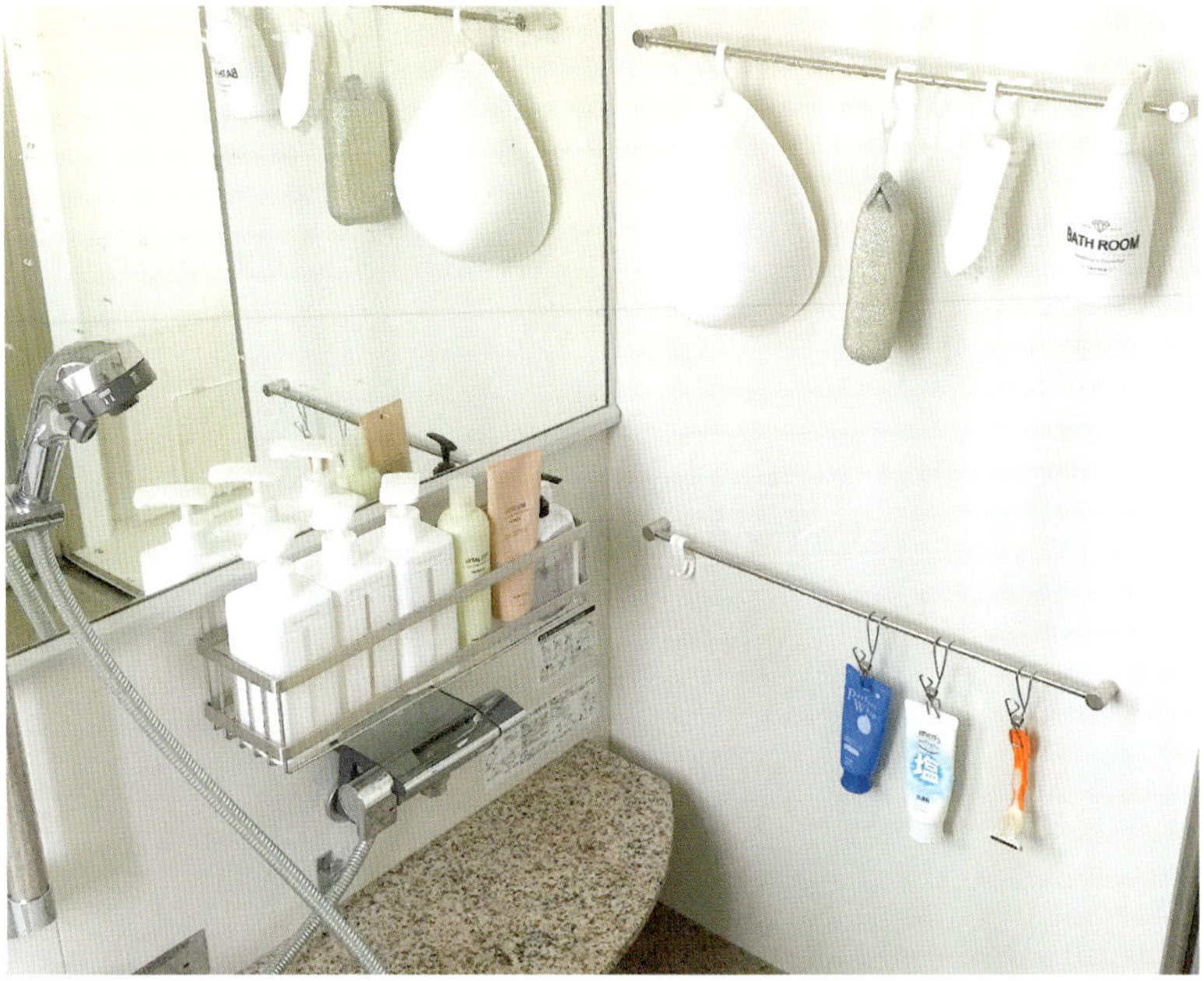

土日のお風呂掃除担当は旦那！　朝起きたら既に掃除されていました。

洗面台は毎日きれいにします

毎日使うのでどうしても汚れる洗面所。顔や手を洗って水はねするので、毎日きれいにします。クエン酸スプレーで鏡、水栓、ハンドソープボトルを拭き上げ。そして、髪の毛が落ちるので掃除機掛けも欠かせません。

私の仕事がフルタイムでない日は、朝、主人を見送った後に、トイレ掃除、洗面台掃除、掃除機がけをします。この3つが朝掃除のルーティンで、それに加えて他に掃除したいところがある場合は1、2カ所を追加で掃除しています。毎日続けられる積み重ね掃除に普段あまりやらない面倒な箇所の掃除を1、2個プラスすることで無理なくキレイを保てます。

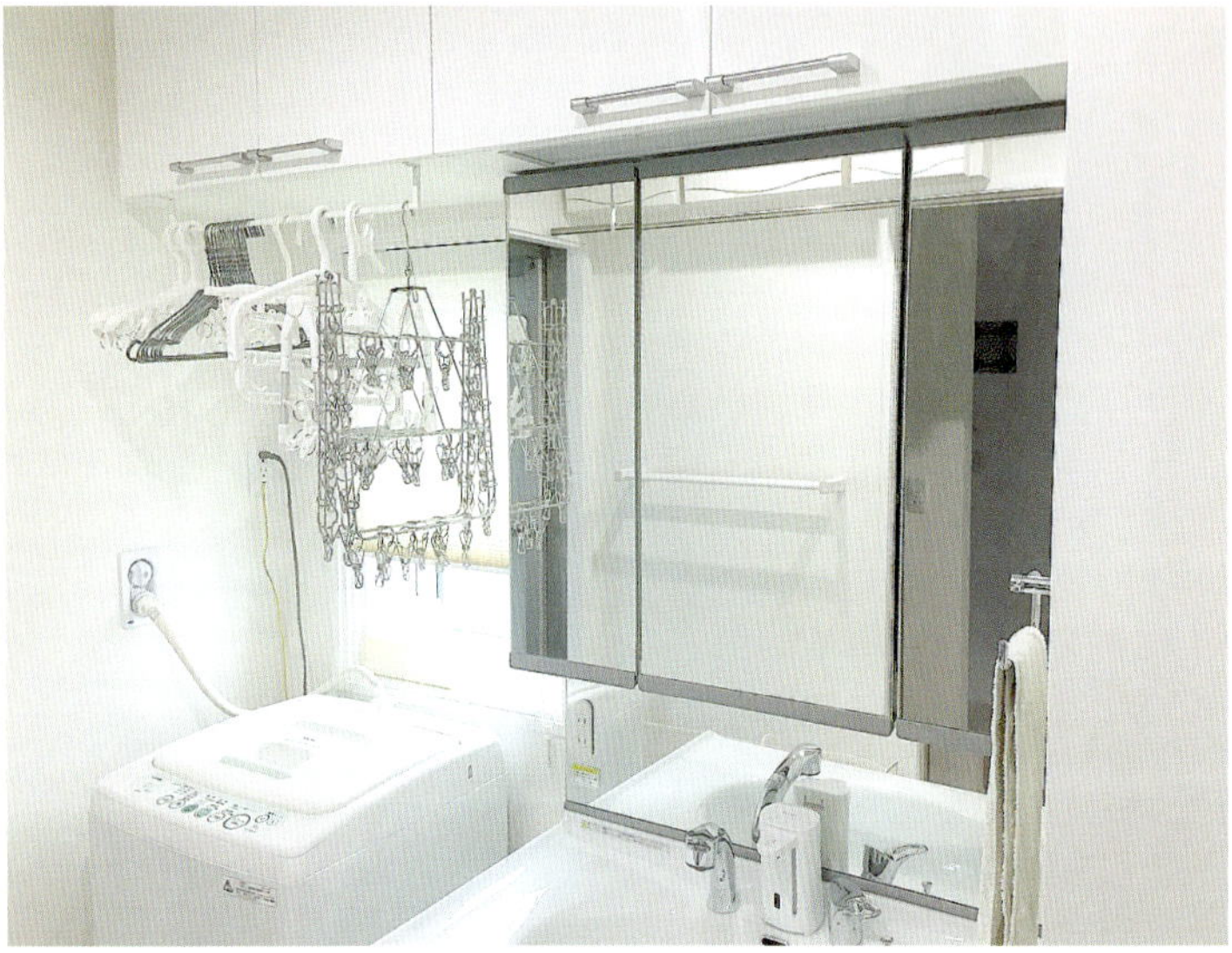

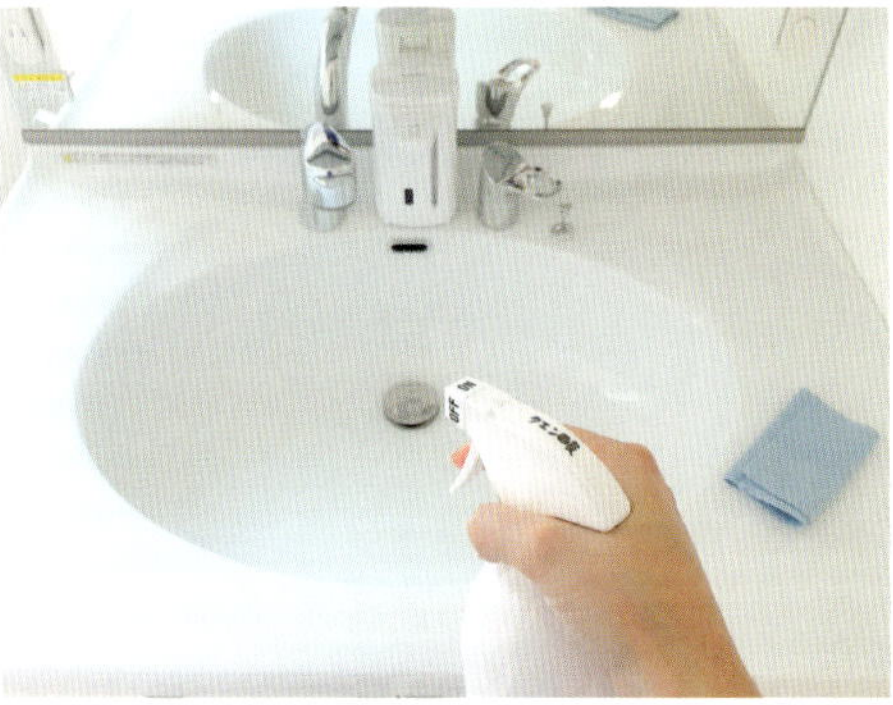

水あか汚れに効果があるクエン酸スプレーで拭き上げています。

私のトイレ掃除のやり方

トイレ掃除には「ジョンソン Johnson スクラビングバブル」の「流せるトイレブラシ」を使っています。トイレのブラシって置きっぱなしで不衛生になりがちだけど、流せるブラシなら使った後捨てられるから衛生的で気に入ってます。ただ、専用の柄が個人的に使いにくいと思っていたので、最近Instagramで見かけた無印良品の「柄つきスポンジ」の柄と交換しました！ 無印の柄は、ブラシを外すときはリングを移動させれば挟むところが広がるので手を汚さずにトイレにポイできます！ 掃除した後はトイレットペーパー＋「ルックまめピカ」で濡れてる部分を拭いて引っ掛けて片付けます。「まめピカ」は、トイレットペーパーがぼろぼろになりにくいので使いやすいし、トイレ掃除専用のシートよりもコスパが良さそうです。

「流せるトイレブラシ」＋「無印良品 柄付きスポンジ」の柄の部分で、快適なトイレ掃除。

住まいとインテリアのこだわり

こだわったところはいろいろありますが、動線をよく考えました。たとえば洗面所の出入り口は、リビングダイニング側と玄関ホール側からの2カ所に作りました。家事動線的にリビングダイニングとつながっていたほうがスムーズですし、帰ってきてそのまま洗面所へ直行して手洗いできるのも便利です。

また、ソファは「NOYES／NewSugar Hi-Back Modern」。生地、脚の長さやカラー、クッション材の種類を選べるセミオーダー式。丸洗いできるカバー、長めの脚（ソファーの下をお掃除ロボットが通れるように）、クッション材は羽毛（主人の希望で座り心地重視）を選んでます。

また、TVボードとダイニングテーブルは、「ACTUS／FBシリーズ」。同じメーカーの同じシリーズで揃えて統一感が出るように。ブラックのキッチンに合うようにダークグレーを選びました。

上／動線を考えた洗面所の配置。
下／ソファやテレビボードはセミオーダーです。

22

hina.homeさん

hina.home

毎日の生活と共にキッチンがあるような気がします

とても居心地がよく、外出先から帰るとホッとします。

Instagram「@hina.home」

光がたくさん当たる明るい家にしよう、と主人と決めて建てた家。窓を大きく取り、インテリアなども白やナチュラルなどできるだけ明るい色を取り入れました。新居に住む前は整理整頓も片付けも苦手で、きれい好きとはかけ離れてましたが、自分のお家なんだと思ったらきれいにしておきたいと思うようになりました。

整理整頓や収納が整ったことで、日々の生活がスムーズに。ものの場所を決めてそこにしまうことでイライラすることもなくなりました。そしてキッチンは私のお城のような大切な場所になりました。日々の生活と共にキッチンがあるような気がしています。

今、1日の最後にやるのがキッチンのリセットで、大好きな家事です。どんどん整理されてきれいになっていくキッチン、片付け終わった後のすっきりしたキッチンを見ると嬉しくなります。最後には、アルコールスプレーの「ドーバー パストリーゼ77」であちこちを拭き上げています。これで1日が終わりかーと思います。

キッチンは私のお城のような大切な場所。

背面収納はときどき見直します

キッチンの背面収納はときどき見直します。今回は食品のストックを下の棚にして、お皿全般を見直し。

無印良品のステンレスバスケットにコップやマグを入れていましたが、主人から取りにくいという指摘を受けて、ご飯茶碗やお味噌汁碗を入れるように変更しました。その隣には常備菜などで使うイワキの白い保存容器を置いています。青いフタの容器もありますが、それは上のニトリのかごに入れて、なるべく色がごちゃごちゃしないようにしまっています。

食器を買うときはなるべく白を選び、子ども用のカラフルな食器は引き出しに収納。アラビアやイッタラなどのお皿がお気に入りです。

縦型トースターにしたことでスペースが広くなりました。無印良品のラタンバスケットはパンやお菓子などを入れておくのに便利。

PROFILE DATA

▼住まい、年代、仕事、家族、趣味
関東甲信越／31歳／専業主婦／夫、自分、長女4歳、長男2歳／ドライブ（乗せてもらう方）、買い物、写真

▼好きな家事
キッチンを掃除してリセットすること

▼苦手な家事
お皿洗い

▼掃除についてのマイルール
洗剤が苦手なので、できるだけ洗剤を使わない、重曹などでナチュラルクリーニング。

▼手を抜いているところときちんとやっているところ
苦痛になりそうなので毎日やることを決めていません。キッチンのリセットだけは欠かさないようにと思っていますが、どうしても疲れているときなどは、まぁいっかと自分に強制はしません。

▼日常の中での幸せ
家族でお風呂に入ったり、ご飯を食べたり、寝たり、家族一緒に同じことをしているとき。

▼日常でのストレスと解消方法
寝不足がすごくストレスです。そんなときは子どものお昼寝のとき一緒に寝たり、割り切って早く寝ちゃいます。

▼忙しいとき
朝の時間と、子どもが幼稚園から帰ってきてからの時間です。ありがたいことに義母が子どもたちをよくみてくれるので本当に感謝しています。

私の掃除3大必需品

私の掃除になくてはならない、3大必需品です。

除菌力が強力なアルコールスプレーの、「ドーバーパストリーゼ77」。

コストコなどで売っている、「ショップタオル（ペーパーウエス。元は、クルマ関係や工具などのオイルや汚れを拭き取るのに使う丈夫なペーパー）」。そして「洗って使える厚手ペーパータオル」です。

丈夫な吸い取るショップタオルは洗面所掃除や、ちょこっと床を拭くときに使っています。そして洗って使えるペーパータオルは、キッチンのリセットにはなくてはならない私の片腕的存在。パストリーゼをスプレーして、これでふきふき。水でぬらして台拭きに使ったり、とっても便利です。

キッチンは常にきれいにしておきたいので、私の掃除にはこれらが欠かせません。

寝る前に洗面台もリセットします

夜寝る前に洗面台もリセットすることにしました。キレイにしてもあっという間にすぐ誰かが使って水滴がついてしまいますが、やらないよりいいかなーと。鏡もパストリーゼでふきます。今まではショップタオル（ペーパーウエス）を1枚使ってましたが、鏡と洗面台全部は拭ききれず、何枚か使ってしまうこともありました。でも4等分にしてストックしておくことにしたら、すごく使いやすくなり、無駄使いしなくて済むようになりました。

上／キレイなのは一瞬です（笑）。下／ショップタオルは4等分にしてストック。

マキタの掃除機と棕櫚《しゅろ》のほうき

マキタのコードレス掃除機を使い始めて数日。本当に使いやすいですね！　布団を片付けるとき、ついでにサササッと。軽くてスイスイーっとかけられるのがすごく嬉しい。連続時間や吸引力も今のところ私には問題ないです。階段にも使いやすくて、本当に買って良かったと思う今日この頃です。母にあげる用と、もうひとつ我が家の1階用に欲しいと思ってしまいます。そして玄関には棕櫚のほうきが新入りしました。ちょっとしたホコリなどにもささっとほうきをかけられてすっきり。無印良品の「ステンレス扉につけるフック」を使って吊るしています。

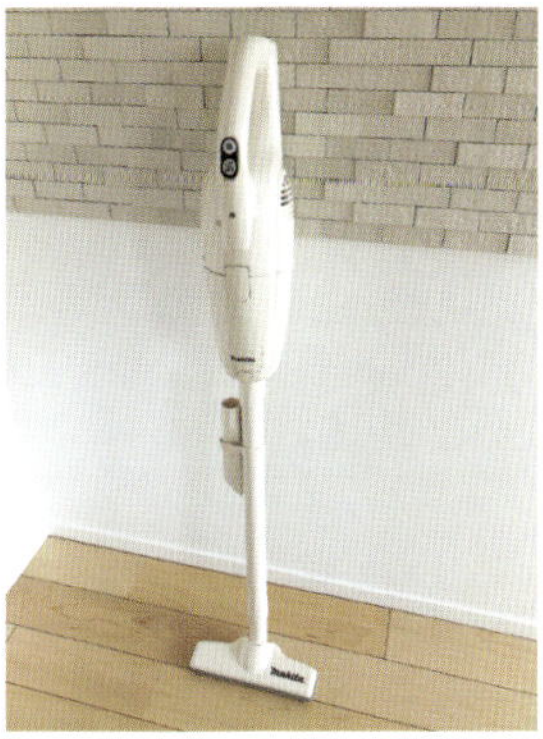

上・左下／棕櫚のほうきは、扉に吊るしています。
右下／マキタの掃除機は軽くて本当に使いやすい！

キッチン収納を見直しました

キッチン収納の見直しをしてみました。先日、フライパンや鍋を、収納スタンドを使って整理したこともあって、すごく使いやすくなりました。食品のストックも一目で何があるか見えるようにしてます。「sarasa design」のふきんや「サンサンスポンジ」、「ヒオリエ」のタオルは私のお気に入りのキッチングッズです。すべてのものに住所を付けることで、びっくりするくらい片付くようになりました。ぐちゃぐちゃになるようなこともなくなりました。

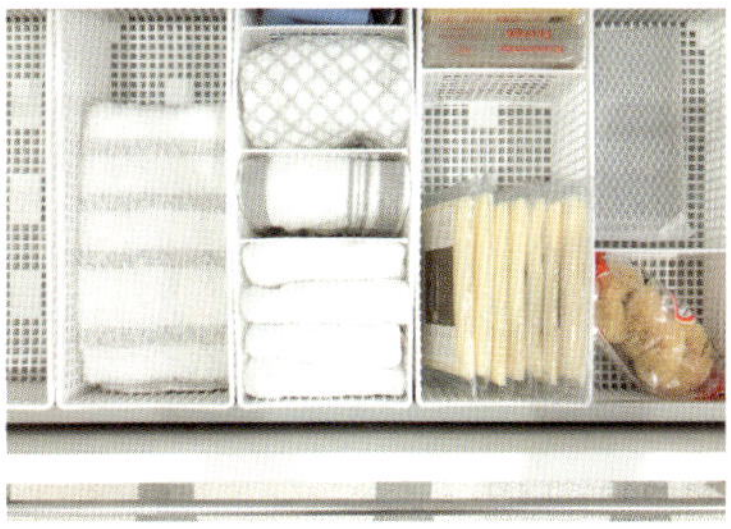

上・左下／ものには住所を決めています。　右下／「sarasa design」のふきんや「サンサンスポンジ」、「ヒオリエ」のタオルがお気に入りです。

23

馬狩まどかさん

Umakari Madoka

古い家の良さを生かした過ごしやすい空間作り

朝の食卓。時間が取れるときは簡単なもの一品でもなるべく子どもたちと一緒に作ります。いつか作ってくれるようになるかなといまから楽しみです。

Instagram「@mumakari」

我が家は古い中古住宅ですが、DIYで見た目や機能を改善させて、過ごしやすい空間づくりを心がけています。古いものの良さを生かして、どこか懐かしい雰囲気の空間にするのがこだわりです。

家具や雑貨は、古道具屋さんやリサイクルショップでシンプルながら味のあるものを選んだり、古道具を引き立たせるため、空間がごちゃごちゃしないように他の家具を配置するバランスや色合いに気を付けています。

現行品を選ぶときも、昔からあるようなデザインのものを購入したり、シンプルなデザインでもペイントで少し手を加えたりして、空間に馴染むようにしています。

家族が過ごしやすいよう、きれいに掃除をすると気持ちもしゃんとするので、朝起きた時と夜に家族がお風呂へ入る前の1日2回、床を水拭きするのが日課です。朝は1日のスイッチを入れる前、夜はお風呂に入ってリラックスタイムに入る前に空気を整えるというイメージです。水拭きすると汚れがはっきりわかるので、きれいになったという達成感を感じます。

古いけれどお気に入りの台所

古いけれど、お気に入りの台所。ものがいっぱいあり過ぎるので、少しずつ整理していますが、お気に入りのキッチングッズばかりでなかなか進みません。素敵に収納できるように台所も変えていきたいな。散らかってもすぐにリセットできるよう、整理整頓がしやすい収納が理想です。

周りには農家の方が多く、たくさんお野菜をいただくので、保存がきくように干し野菜なども作るようになりました。お味噌などの発酵食品づくりも毎年続けています。昔からの知恵を活用する楽しさを知りつつあります。

上／お気に入りのものばかりの台所。
左／米こうじともち米と塩で「寒こうじ」作り。

くつろげる寝室です

寝室のインテリアはシンプルモダンにすっきりと仕上げ、白い壁と広い空間を生かしました。お手頃なプロジェクターを設置して、家族みんなでくつろげる空間にしています。

私にDIYの楽しさを教えてくれたのは父。DIYを始めてから、父が唯一褒めてくれたのがこの寝室です。

DIYで作ったお気に入りの寝室です。

PROFILE DATA

▼住まい、年代、仕事、家族、趣味
北海道／30代／専業主婦／夫、自分、長女5歳、次女3歳／ドライブ、DIY、家族みんなでDVD鑑賞

▼好きな家事
掃除

▼苦手な家事
洗濯物を畳んで片付けること。量が多いので時々心が折れそうに。

▼掃除についてのマイルール
床の水拭きのついでに少し高い場所も水拭き。

▼手を抜いているところときちんとやっているところ
後々手を抜きたいので、今から子どもたちには後片付けを教えています。部屋の掃除に手は抜きませんが、庭は雑草だらけ。人様に迷惑になる場所以外は、あまり神経質にならないようにしています。

▼日常の中でのちょっとした楽しみ
自分のためにコーヒーを淹れる。

▼日常の中での幸せ
家族で晩ご飯を食べているとき。晩ご飯は母にお手伝いしてもらいながらたくさん品数を作ります。

▼日常でのストレスと解消方法
子どもたちのけんかの声。時々子どもたちのお風呂を夫に託し、ひとりきりの時間を作ります。

▼自分を磨くためにやっていること
子育て、家事、部屋づくりなど、ささいなことでもこれでいい、と思わないで、夫や両親から客観的な意見を聞くようにしています。

24

shoko さん

shoko

ひとり暮らしシンプルライフを満喫中です

週末、定期的に掃除をしています。

Instagram「@nekokoko___」

台所の換気扇掃除を1～2カ月に1回はしています。調理器具や調味料などコンロ周りのものを全て片付けてから行います。換気扇の掃除以外にも壁やコンロ、水回り、シンク下の食器棚や冷蔵庫など拭き上げ、そしてまな板をハイターで除菌し、包丁を研いだら、調味料を補充しておしまい。

また、毎週末には部屋やトイレ、お風呂、リネン類の洗濯物を欠かさずにやるようにしています。定期的に掃除をしているため大掃除をしなくて済むようになりました。

どれだけ遅く帰ってきても寝る前と、出かける前には部屋をいつも通りに片付けてリセットしています。掃除機がけや片付けがしやすくなるよう、家具は少なくしています。

上／換気扇掃除のときはすべて物を片付けます。
左／常にスッキリしていて早く帰りたくなるようなお部屋が理想です。

シンク下の見直しをしました

今日はシンク下の見直しの日。調味料を補充したり、賞味期限切れのものがないか確認したり……。レトルト食品や調味料は無印良品の化粧ボックスにまとめて、お茶やコーヒー豆はキャニスターに移し替えてすぐ消費できるようにしました。整理しても、ものが増えがちでスッキリしない箇所です。

平日はできるだけ朝昼晩と食事は手作りしてそれぞれの季節の食材をなるべく使って料理をするようにしています。また朝はしっかりとご飯を食べています。

上／シンク下はものが増えがちです。
左／なるべく、安くておいしい旬の食材を使ってご飯を作っています。

生活感の出るものは白で統一

生活感の出やすいものは白で統一して視覚的にスッキリ見えるようにしています。玄関を入ってすぐに洗濯機がある我が家。洗濯洗剤やストック類をきれいに見せる収納にできないかと悩んではや2年。「バスリエ」さんの洗濯洗剤ボトル「イレモノ」、粉洗剤は無印良品の蓋付きメイクボックス小に入れ替えました。備え付けの棚にぴったり収まって満足しています。

白で統一するとスッキリ見えます。

PROFILE DATA

▼住まい、年代、仕事、家族、趣味特技
名古屋／28歳／会社員／ひとり暮らし／ライブ・音楽フェスに行く、ロードバイク、マラソン、読書

▼好きな家事
洗濯、部屋の掃除機かけ

▼苦手な家事
キッチンの換気扇掃除

▼掃除についてのマイルール
毎日掃除機をかけています。1K、6畳の狭いスペースなのでなるべく部屋には物を置かないようにしています。物が少ないので散らかることがあまりありません。

▼日常の中でのちょっとした楽しみ
友達とご飯や映画。家でのんびりとハンドミルでコーヒーを淹れて、読書やドラマ鑑賞など。職場と家の往復にならないよう適度に友達と遊ぶ予定を入れることが日常の楽しみです（ひとり暮らしの特権だと思っています）。そのために家事は最小限で済むよう週末掃除や常備菜作りが欠かせません。

▼日常でのストレスと解消方法
ストレスを感じると部屋が荒れてきます。なのでひと通り掃除をしていちどきれいな状態にリセットします。これだけでも十分解消されます。

▼自分を磨くためにやっていること
興味のあることにはどんどんチャレンジ。去年はマラソン、今年は英語を始めました。

25

みずほさん

mizuho

あとに持ち越さないように気付いたらやる

Instagram「@miiiiiii_y」

モップで水拭き。やっぱりサラサラな床がいい。

洗面所入り口のレール。頑固な汚れにならないうちにコツコツときれいに。

好きな家事は、掃除です。掃除をして、その場の空気がキレイになることで自分の気分もスカッとします。でも子どもが産まれる前までは掃除も苦手でした。家族ができてからはみんなが暮らしやすい家にしなきゃダメだなと思ったのがちゃんとやり始めたきっかけです。ごちゃごちゃして過ごしづらいお家にはしたくないので、溜め込まないこと、気付いたらやるを心掛け、あとに持ち越さないようにしています。日々の生活の流れで、使った場所の掃除をすることが多いです。

最近は2日に1回はモップで水拭き、暇があれば雑巾掛けをするようになりました。家では年中、裸足なのでベタつきがすぐわかります。

そして洗面所はお風呂上がりのドライヤーの後、たくさん髪の毛が落ちているので、まずコロコロクリーナーをかけ、洗面所入り口のレール部分の掃除を。みぞが結構汚れるんです。毎日拭いていても絶対汚れています。子ども用のお尻拭きウェットシートで拭くだけですが、日々コツコツやることは、頑固な汚れにならないので大事だと思っています。

定期的にやらないとすごいことになっているところ

定期的にやらないとすごいことになっているところ。それは窓のサッシです。今年、何回やったかわからないほど、BBQ好きな我が家。砂ぼこりに加えて灰やら木くずもすごくて……。「レデッカー」のブラシや竹串でゴミを掻き出して掃除機で吸って、お尻拭きで拭き拭き。続いて、乾いたペーパーで水分を拭き取り、仕上げに除菌アルコール製剤の「ドーバーパストリーゼ77」を吹きかけて拭き取り完了。最初は重曹スプレーで汚れを取ろうと思ったけどアルミのサッシにアルカリ性はNG、やるなら中性洗剤がいいそうです。まだ洗剤を使うほど汚れたことはないので、お尻拭きでの拭き取りのみですが今後のためにも覚えておかなくては。掃除するたびにまた汚れてる、と感じる場所のひとつでした。

ブラシはレデッカーのハンドブラシ。しっかり砂ぼこりも掃けます。

我が家のカット野菜事情

いつも午前中にその日の献立の野菜をカットをしますが、時間に余裕があるときに変色しない野菜をあらかじめカットしたり茹でたりしておきます。そうするとサラダや和え物、付け合わせにすぐ使えてあとあと楽です。3日以内には使い切るようにしています。

カットした野菜は、「野田琺瑯」や無印良品のタッパーに（クッキングペーパーを敷くと水分を吸ってくれます）。切りかけ野菜はジッパー付き袋に。

早く使い切りたい野菜は野菜室の上段に。そうすると使いかけの野菜が傷んで使えなくなる心配もないので、私にはこのやり方がしっくりきてます。

今日は時間があって野菜をたくさん切れたので、忙しい明日でも夕飯の準備が苦にならないはずです。

野菜をあらかじめ切っておくとあとでとても楽です。

PROFILE DATA

▼住まい、年代、仕事、家族、趣味
神奈川県／30歳／専業主婦／夫、自分、長女4歳、長男2歳／おいしいもの巡り（おいしいものを食べることにお金は惜しまない）、料理

▼好きな家事
掃除

▼苦手な家事
食器洗い

▼掃除についてのマイルール
溜め込まない。気付いたらやるを心掛けてあとに持ち越さない。

▼手を抜いているところときちんとやっているところ
主人がお休みの日はほとんど掃除をしません。やっても掃除機程度。でも、料理はなるべく手を抜かないように。お出掛けの日は前日かその日の早朝にできるところまで作っておき、普段通りちゃんと食べられるようにします。

▼日常の中でのちょっとした楽しみ
コーヒーが大好きなので朝の一杯と子どもたちが寝てからのコーヒータイムは必須です。

▼日常の中での幸せ
子どもたちが楽しそうに遊んでいる姿を見たとき。時間があるときはなるべく外へ出ます。

▼日常でのストレスと解消方法
専業主婦で24時間子どもと向き合っているので、思うようにことが運ばず葛藤することも……そんなときは夫に子どもを預けて、美容室や買い物でひとり時間を満喫します。

カーテンはニトリで購入。黄色のカーテンはお部屋も明るくなるのでオススメ。ベッドは楽天市場「わくわくランド」で。

ソファは楽天市場の「フェリチタ」、テーブルはニトリで購入。

26

kyokoさん

kyoko

自分に対しても お客さんのように おもてなしをすべし

「東京ひとり暮らし」
Instagram「@kyoooko.a」

モノが少なく、清潔で爽やかな空間にしたいと思っています。インテリアも白やベージュを基調にして、明るく優しい色味にしています。そして余分なものは「買わない、持たない、持ち込まない」。シンプルに暮らすのが好きです。モノが少ない生活にシフトしてから、掃除が格段に楽になりました。掃除の回数が増えて清潔な部屋になっていくと、また心地良さがアップして、プラスの循環です。

好きな家事は洗濯です。なるべく天日干しをするようにしています。仕事が忙しいときは、夜洗濯をして朝に取り込んだほうが家事の効率がいい場合もありますが、やはりお日さまの光を当てたほうが太陽のエネルギーを吸収するのか気持ちよく仕上がる（気がする）ので、天日干しを心掛けています。

料理は好きですが、時間を要するので優先順位が低いです。ですが、出来合いのものもお皿に移し替えたり、お弁当箱に詰めたり、買ってそのままテーブルに出すことはありません。

昔読んだ本にあった、「自分に対しても、お客さんが家に来たときのようにおもてなしをすべし」という言葉がずっと心に残っています。そのように過ごすことが、自分自身を大切にすることだと思っています。

観葉植物のおかげで温かさが生まれます

モノが少ない生活は殺風景で寂しい空間になりがちですが、観葉植物を置くことで、部屋に血が通うというか、明らかに「暮らし」が感じられる温かさが生まれました。無印良品の、「壁にかけられる観葉植物」は、お手入れも簡単でおすすめです。ネットで購入しました。

隣のファブリックパネルは、布を買って自分で作ってみました。

少しずつお気に入りを増やしながら、居心地のいい空間を作っていきたいです。

通勤バッグの置き場所

ニトリでかごを購入しました。毎日使う通勤バッグ、クローゼットに収納するのは面倒で、いつもソファに置いてしまっていたのですが、ぴったりのかごを見つけたのでテレビ台の横に置くことにしました。かごの作りもしっかりしているし、かわいくて大満足！しかも2000円でお釣りがきちゃうお安さ！ ニトリ様々です。

観葉植物のおかげで、温かい空間になりました。

通勤バッグはここに。

お手洗いスペースは「白化」でスッキリ

うちは狭い1Kで、トイレと洗面所は一体型。ごちゃごちゃに見えないよう、なるべく「白化」を心掛けています。タオルは全部白に。バスタオルは使用していません。歯磨き粉のラベルを変えるほど徹底してはいませんが、色味を統一するとスッキリ見えます。やれる範囲で、気取らず、ゆるりと。

なるべく白いものを使うようにしています。

PROFILE DATA

▼住まい、年代、仕事、家族、趣味
東京都／30歳／会社員／ひとり暮らし／読書

▼好きな家事
洗濯

▼苦手な家事
料理

▼自分の家事について
来客があると「床にホコリがない」と驚かれます。床が白いので、落ちた髪などが目立つぶん、自然と掃除の回数も増えます。

▼日常の中でのちょっとした楽しみ
読書の時間。

▼日常の中での幸せ
朝スッキリ目覚めるとき。そのため夜は軽めのご飯にしています。／清潔でパリッとしたシーツにもぐり込むとき。／シャワーを浴びているとき。仕事をがんばって、お気に入りの香りのボディソープでカラダを洗っているときは「1日がんばった～！」と幸せな気持ちになります。

▼忙しいとき
1週間休みなしとか、1カ月休みなし！ なんてこともある仕事ですが、忙しいことを乗り越えようと思ったことはありません。仕事を楽しむ、これにつきます。

▼自分を磨くためにやっていること
いろんな人と話をする。こんな人になりたいなと思える人はもちろん、苦手だなと思う人ともなるべくコミュニケーションをとって、いろんな話を聞くようにしています。

27

mayuさん

mayu

子どもを優先に無理せず「ながら掃除」で

Instagram「@mayuru.home」

こまめに「ながら掃除」をしています。

パソコンデスクは、何年も前に通販のNissenで買ったもの。

細々したものを入れることができて便利です。

掃除は基本的に好きです。達成感があるので、気分がすっきりするからです。でも無理はせず、子ども優先で空き時間にするのがマイルールです。こまめに「ながら掃除」をして、溜め込まないようにしています。アロマを楽しみながらの掃除や、好きな掃除グッズを使っての掃除は気分が上がります。

育休後、仕事復帰するにあたって、忙しい毎日を少しでもスムーズに整えたかったので、育休中に家を整えました。そして汚れを溜めてしまわないように、ながら掃除や整理整頓がしやすい仕組みを作るようにしています。すっきり見えつつも、使いたいものは目に入る手の届く位置に置くようにしています。

散らからない書類整理

書類管理はきちんと。散らからないように心がけています。

家電などの保証書、取説、住宅設備関係書類は、ファイルにポイポイ入れるだけで、定期的に見直ししています。同様に、生命保険などの書類も、分厚いもの以外は、無印良品の再生紙ペーパーホルダーを使用します。年賀状、カメラの収納もここです。年賀状はスペースがある限りは大事に保存したいと思っています。

これらは、テレビボードに収納しています。

テレビボードに収納。

家電などの保証書、取説、住宅設備関係書類は定期的に見直しします。

デッキブラシで玄関掃除

「レデッカー」のデッキブラシを購入しました。玄関とウッドデッキ用です。間違えて小さいサイズを買ってしまいましたが、コンパクトなので、そのまま使っています。

玄関は水を撒いてゴシゴシします（乾くまで玄関は開けっぱなしです）。念入り掃除のときはメラミンスポンジを使います。玄関用の洗剤を使ったことがありますが、それよりもメラミンスポンジの方が簡単に汚れが落ちました。

ウッドデッキは水を撒いてゴシゴシするだけですが、磨くときはいつも魔女の宅急便のキキになった気分です（笑）。

掃除中もほっこりするほうきとデッキブラシ。

PROFILE DATA

▼住まい、年代、仕事、家族、趣味
九州／30代／医療関係／夫、自分、長男4歳、次男2歳／掃除、収納、庭いじり

▼好きな家事
掃除全般

▼苦手な家事
エアコン掃除

▼手を抜いているところときちんとやっているところ
週末は外食に出かけて、息抜きしています。掃除もできないときは無理せず最低限に、残りは休日にしています。書類管理はきちんとしています。

▼日常の中での幸せ
子どもとゆっくり話す時間や、家族みんなで過ごせる何気ない時間。平日は早めに寝床に入って、お話や読み聞かせをしています。夫とふたりで話す時間も特別な時間です。

▼日常でのストレスと解消方法
子どもの朝の支度がスムーズにいかないとき。子どもの体調が悪いのに仕事を休めないとき。仕事に行くだけで切り替えられますが、同じ環境の同僚と話すことでストレス解消できます。

▼忙しいとき
時間外でしなければいけない仕事があるとき。子どもが体調を崩したとき。夫や母の協力で乗り越えられています。

28

misatoさん

misato

狭い部屋が広く見えるよう工夫しています

インテリアの色合いを統一させてスッキリさせています。

棚のいちばん上と下は使わない食器や食品をストックしています。

シンク下の収納には、米びつや保存容器を入れています。

Instagram「@misat_s」

賃貸マンションの1LDKに夫婦ふたりで暮らしています。狭い間取りですが、物を増やさず、収納を工夫し、少しでも部屋が広く見えるようにしています。

家具やインテリアの色は白、黒、茶を選んでいます。同じ色にすることで統一感が生まれ、スッキリとした印象になるからです。季節の花を飾るとアクセントになり、春はピンク、夏はグリーンなど季節に合ったカラーを楽しむことができ、部屋の雰囲気もぐっと変わります。

食器は造り付けてあった可動式の棚に収納。100円ショップの整理ラックを使用してスペースを無駄なく使えるようにしています。

シンク下は引き出し収納なので、高さを有効活用できるよう工夫。米びつとしてオクソーのビッグスクエアトールを使用しています。キッチンツールは立てて収納し、取り出しやすくしています。

キッチン用品はケースでスッキリ

冷蔵庫の横につけている白いラップケースは楽天市場で買ったもの。22㎝〜30㎝まで対応していて、巻き戻らないようにストッパーが付いています。しかも、なんとひとつ498円という安さ！ ラップ、アルミホイル、クッキングシートを入れて使っています。

マグネットがついているのでキッチンの色々なところで使えるのも良いところ。切れ味もバッチリなのでおすすめです。

冷蔵庫には無印良品で人気のキッチンタイマーもつけています。

ラップケースはまとめ買いをしました。

洗面所は少しのスペースも有効活用

我が家の洗面所は約1畳。お気に入りのTOWERのタオルハンガーはスリムなので、そのまま置いていても邪魔になりません。本体も軽いのでベランダまでの移動がとっても楽です。

洗濯機の上にあるのはニトリのラタンボックス。洗濯機と壁の間には短い突っ張り棒をつけて、ハンガーをかけています。

狭い洗面所だからこそ、ちょっとの隙間も収納スペースとして使っています。洗面台下の蓋つきボックスはセリアのもの。毎日使うものをまとめて、ボックスごと出して使えるようにしています。

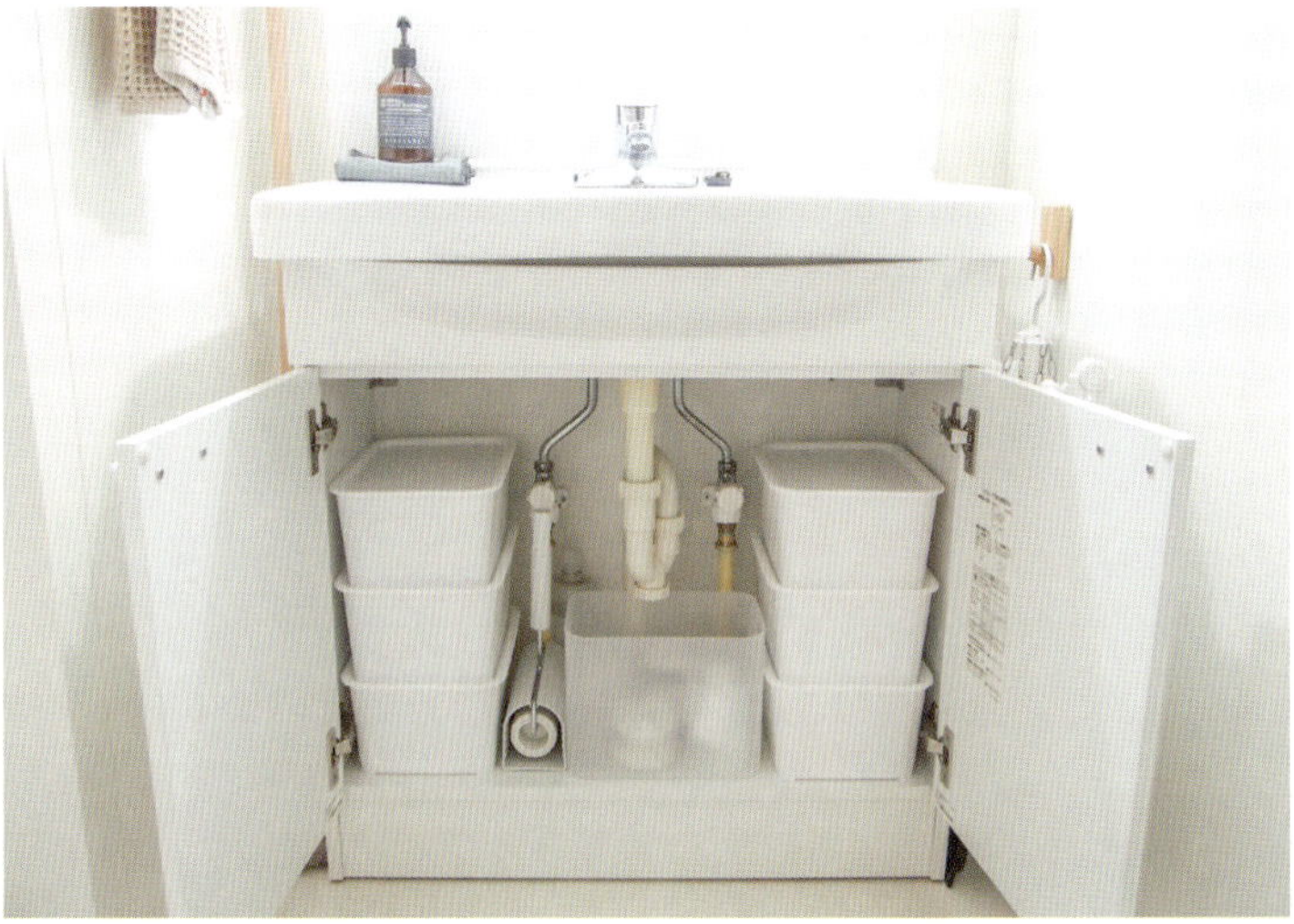

上／蓋付きボックスの中には化粧品やワックス、ヘアスプレーなどが入っています。 下／ラタンボックスの中にはシャンプー類のストック、掃除道具などが入ってます。

PROFILE DATA

▼住まい、年代、仕事、家族、趣味

新潟／20代／パート／夫、自分／旅行、カフェ巡り、写真を撮ること

▼好きな家事

掃除、洗濯。きれいな部屋だと気持ちが良く、穏やかな気分になれるからです。寝具やラグは毎週洗濯し、清潔に保てるようにしています。

▼家事について変えてよかったこと

自分のお気に入りの道具を使うことです。モチベーションが上がり、家事がはかどるようになりました。

▼住まい、インテリアについて

1LDKという狭い部屋ではありますが、お気に入りの家具やインテリアを集めたことによって、家で過ごす時間がとても好きになりました。これからも心地良くリラックスできる雰囲気が出せるよう、お部屋作りを楽しみたいです。

▼日常の中でのちょっとした楽しみ

お菓子作りをすることです。

おやつにクッキーを作りました。

黄色と緑色が好きです。ナチュラルな統一感が出るようにしています。

29

ryuryuさん

ryuryu

緑を感じて ゆったり 暮らしたい

Instagram「@ryuryu_home」

自然を感じられる家が理想です。LDKのどこからでも植物が見えるように、中庭を中心とした部屋づくりをしています。

家事を全て終わらせてきれいになった部屋で、中庭の植栽を眺めながらお茶を飲んだり雑誌を読んだりと、のんびりしているときに幸せを感じます。家がきれいになっていないと心からリラックスできないので、洗面台やトイレ磨き、キッチンのリセット、床の雑巾がけは毎日必ず行うなど、汚れやすい場所を中心に普段からこまめに掃除をし、汚れを溜め込まないように心がけています。

以前は日々の掃除をスケジュールで管理していましたが、できなかったときにイライラし、罪悪感を感じていました。そのため今は負担にならないよう、毎日の掃除にプラスして1箇所どこかをきれいにするようにしています。

この方法に変えてからは、だいたいの場所が常に片付いているようになりました。おかげで我が家には、いわゆる「年末の大掃除」がありません。また、突然の来客でも家が汚くないかな？　と不安にならなくなりました。

お気に入りのテラスで食事することもあります。

アロマオイルをたらした水やお湯を使います。季節に合わせた方法で少しでも疲れを取ってもらおうと試行錯誤しています。

主人の帰宅に合わせて

主人の帰宅に合わせて、夏なら冷やしタオル、冬ならホットタオルを用意する、部屋着を温めておくなど、日常の暮らしをちょっと豊かにするようにしています。

昔、母が部活の迎えのときに、凍らせたタオルをクーラーボックスに入れてきてくれていたのがきっかけです。とても嬉しかったのを今でも覚えているので、私も真似して始めてみました。毎日仕事を頑張ってくれてる主人に少しでもリラックスして欲しくて続けていますが、疲れが吹き飛ぶわ〜と喜んでくれています。

結婚して10年目。楽しいことや辛いことがあったら真っ先に聞いて欲しいと思う相手です。どんなときも味方でいてくれるので、また頑張ろう！と思えます。私が主人に感謝を伝えるには家事を頑張って居心地の良い家にすることがいちばんなので、これからも工夫して頑張りたいと思います。

ハーブの楽しみ

中庭テラスで花やハーブを育てて、それを飾ったり料理に使ったりしています。

先日は、疲れがたまっていたので、お風呂にハーブでも入れてリラックスしたいなぁと思っていたら、子どもから「ママぁ、お風呂に葉っぱ入れたい」とかわいいお願いが。なのでテラスのハーブたち（ローズマリー、アップルミント、レモンタイム、ラベンダー）をチョキン。ラベンダーがとてもきれいに咲いていました。それにしても、この子とは不思議なくらい考えることが似ているなぁと嬉しくなりました。フレッシュハーブって本当にいい香りです。

上／ハーブティを楽しんでいます。　左／お風呂に入れてハーブバス。いい香りで疲れが取れます。

PROFILE DATA

▼住まい、仕事、家族、趣味
東日本／専業主婦／夫、自分、長男、次男／ピアノ・庭いじり

▼好きな家事
主人の帰宅に合わせて、夏なら冷やしタオル、冬ならホットタオルを用意する、部屋着を温めておくなど、日常の暮らしをちょっと豊かにするようなことを取り入れるようにしています。

▼日常の中でのちょっとした楽しみ
花やハーブを育て、それを飾ったり料理に使ったりすること。休日の夜、子どもが寝た後に主人とテラスで過ごすこと。

▼日常でのストレスと解消方法
昼間は子どもに合わせて生活し、夜は深夜に帰宅する主人に合わせて家事をする等、どうしても大変だと思う瞬間があります。常に誰かに合わせて動かなければならないので、自分の時間で動きたい……とたまに無性に思うことがあります。頑張りすぎたかな……と思ったときは子どもを寝かしつけた後は家事をせずに、ゆっくりコーヒーを飲んで雑誌を読むような時間を作るようにしています。

▼自分を磨くためにやっていること
旅先で素敵な空間を見つけたり、おいしいものを食べたりしたときは、家でも再現できないか試行錯誤しています。また、資格試験の勉強をしてみたりもします。

30

kaoriさん

kaori

いちど収納をきちんとすると、ずっと自分を助けてくれます

インテリアはシンプルにスッキリとさせたいと思っています。

Instagram「@hibiiro」

好きな家事は収納です。いちど考えるとずっと自分を助けてくれます。きちんと片付けていくと、頭が整理できるし、家事の時短にもつながります。

小学校の頃からインテリア雑誌を見るのが好きで徐々に収納が好きになっていきました。

以前よりこまめにお掃除をするようになって、こまめにやることと、「ながら掃除」、「ついで掃除」の大切さを実感しています。

掃除機はできるだけ朝一番にかけます。洗濯前のタオルであたりをなでるように拭き掃除しますが、キッチンのタオル類でキッチン、リビングなどを。トイレのタオルでトイレの照明や窓枠などを。洗面所のタオルで鏡や洗面ボウルを拭きます。

お風呂の排水溝のごみ受けのごみはなるべく当日中に捨ててふたを外しておく。これをすればピンクカビが生えません。換気扇の掃除は2カ月に1回です。

ながら掃除やついで掃除は、無理なく続けられることが長所かなと思います。

スタディスペース。

洗面所収納を追加しました

最初に自分なりにしっかり収納場所を決めることを心がけていますが、少し前に洗面所の壁厚を利用した埋込収納に棚板を追加しました。元々ついていた棚板は白いものです。棚板の追加を注文するとなかなかのお値段がすると聞いていました。そこでホームセンターでカットしてもらって木のものを2段追加しました。お値段は金具と合わせて2段分で1000円ほど。不思議と全部白より明るく見えます。

増えた木の段には、洗濯に使う小物（洗濯バサミとネット）、バスタオルを収納しました。

うちの洗面所は1坪なので、追加した2段分は貴重な収納スペースになりました。

洗濯ネットや洗濯バサミのしまい方を変えたら時短につながってます。

部屋干しも快適です

欲しかった室内物干しを買いました。今は「ドライニングスタンド」って言うんですね。晴れた日はウッドデッキに出して雨の日は浴室に入るサイズなので浴室乾燥機で乾かしています。

ドライニングスタンドを買おうと思ったのにはきっかけがありました。家の点検に来てくれた方が浴室のバーを見ながら「アレにかけ過ぎないでくださいね。重みで壊れてしまった家があるんですよー」と、ひと言。衝撃が走りました。いつもいっぱいぶら下げていたので。バーが壊れたら悲しいし、修理費用なんて無理だと思って購入にいたりました。

実際に使ってみたら、洗濯を干すのにかかる時間も減ったし満足しています。秋の長雨、冬の寒さ、梅雨……と年中活躍してくれそうです。

洗濯事情が快適になりました！

PROFILE DATA

▼住まい、年代、仕事、家族、趣味
兵庫県／アルバイト／夫、自分、長女7歳／月に3回のヨガ。インテリアや収納のことを考えること。

▼好きな家事
収納

▼好きな家事についてのこだわり
収納を細かくしすぎないこと。箱ごとに仕分けるけれど箱の中までは整えたりしません。家族が使うものは特に取り出しやすくしまいやすいを心掛けています。

▼日常の中でのちょっとした楽しみ
ソファに座って庭を眺めながらのお茶時間（冬はミルクティーか甘酒。夏は自家製シロップのソーダ割り）。

▼日常の中での幸せ
何かあってもおいしいものを食べたりたっぷり眠れば切り替えられます。

▼日常でのストレスと解消方法
子どもがぐずったときや、だらだらしてしまった自分にストレスを感じます。友人としゃべること、よく寝ること、ちょっとおいしいものを食べることで解消。またインスタやネットなどで収納やお掃除の記事を読んでやる気を高めて部屋をピカピカにすることもストレス解消になってます。

▼自分を磨くためにやっていること
写真を撮ることと発信力を磨きたいと思ってInstagramを始めました。

今日は出勤前になんとか片付けられた。帰ってきたときの気分が違います。

31

shuさん

shu

昔から片付けたり部屋のことを考えたりするのが好きです

Instagram「@shu3sun3sun」

家事では、掃除、片付け、洗濯が好きです。頑張った分だけキレイが目に見えるので達成感があります。帰ってきてホッとする家、落ち着く家、みんなが気分良くいられる家にしたいので、キレイが保てるようにモノを持ちすぎない、床にモノを直置きしないなどを心がけています。

マイルールは掃除は午前中にすること。午後だとなぜかやる気になりません。それと、ついでにできることはその場でやるようにしています。たとえば歯を磨いて顔を洗ったついでに洗面台を洗う、使ったタオルでその辺の水滴やホコリを拭く→洗濯機へポイ。トイレに入ったついでに床をぺぺっと拭く。座ってる間にトイレットペーパーで手すりやペーパーホルダーのほこりとり。などをしています。

やらなきゃ！と思うとハードルが上がりますが、ついでだと習慣になってキレイを簡単に保てると思っています。

手を抜いてるところも多々ありますが、やれるときにやれることを。平日は掃除機をかけないことも多いです。ただ、きちんとやってるのは洗濯。毎日やらないと次の日が大変なことになるので、どれだけ天気が悪くても欠かしません。除湿機、乾燥機大活躍です。

上／和室のおもちゃ置き場。大きくなるにつれておもちゃも減り、上段ふたつ、中段ふたつ、下段ひとつが空になっています。　下／収納は白で揃えておけばすっきり見えます。アイリスオーヤマのもの。

お掃除ロボがやってきました

かわいい子がやってきました。留守の間にお掃除してもらうのが本当なんだろうけれど、ずーっと見ていても飽きません。ロボット掃除機の本家はハードルが高かったので（主に価格面で）、見た目と価格で選びました。いやいや、見た目だけじゃなくてレビューもいいんですよ。「ECOVACS（エコバックス）」の、「DEEBOT」です。床にはいつくばって、ベッドの下を覗きこみつつ掃除機がけ、から解放されました。この子の登場により、床にモノを置くのがさらにキライになりそうです。

お掃除ロボは見ていて飽きません。

キッチンでは三角コーナーは使っていません

何年も前から三角コーナーは使っていません。それ自体のお手入れがイヤなので、調理中に出る生ゴミは、古新聞を折ったものの上へ。片付けの時に新聞ごと丸めて、小さなビニール袋に入れてポイ。新聞が水分を吸収してくれるおかげか、イヤな臭いもほぼしたことがないです。何より三角コーナーのお手入れをしなくていいのがいいです。

元々ナチュラル系の色味だった吊り戸棚には白いカッティングシートを貼っています。0・9メートル×2・1メートルのものを上下で2巻使っています。1巻1500円だったので、3000円で完成です。

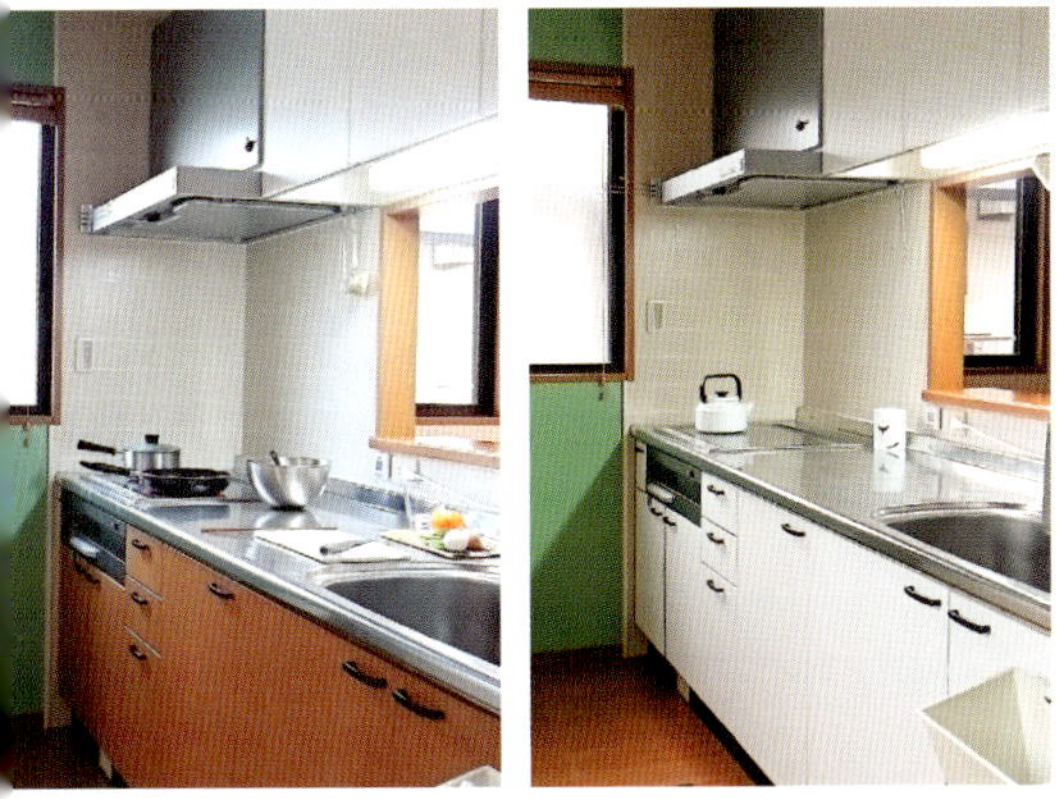

元々茶色のキッチン。カッティングシートを貼りました。

兄さん部屋はいつもだいたい片付いています

兄さん部屋です。私が掃除機をかけますが、あとは手を出しません。が、いつ見てもこんな感じで片付いてます。いい傾向です。兄さんが小学校低学年の頃にふたりでクローゼット内もすべて整理して置場所を決めてから、キープできています。この部屋のものはだいたいニトリで揃えました。

子どもたちも自分で部屋の片付けや洗濯物を畳んでしまったり、モノの定位置を一緒に決めたことで、何がどこにあるかを自分で理解してやれるようになりました。

机の下に敷いたマット、そろそろ替えようか考え中です。

PROFILE DATA

▼住まい、年代、仕事、家族、趣味
三重県／40代／看護師／夫、私、長男（中1）、次男（小3）／雑貨屋さん、カフェ巡り

▼好きな家事
掃除、片付け、洗濯。

▼苦手な家事
料理全般

▼掃除についてのマイルール
掃除は午前中にすること。

▼きちんとやっているところ
最初にモノの定位置を決めてしまう。後は何も考えずに戻していくだけで片付くので結局は楽。

▼日常の中でのちょっとした楽しみ
仕事から帰って「人をだめにするソファー」でごろんとしてボーッとモビールをながめているとき。

▼日常の中での幸せ
子どもたちが仲良くリビングで遊んでいるのを見るとき。

▼日常でのストレスと解消方法
部屋が雑然としているとき。5分でも無心で片付けるとスッキリ。

▼忙しいとき
朝、子どもたちを送り出す前など。それでも前日できる準備はしておくことで楽になる。なるべく忙しいという言葉は使わないようにしています。なんとかなる。ま、いっか。という言葉が大好き。

▼自分を磨くためにやっていること
常に前向きでいるように心がけています。ありがとう、という言葉を意識して使うようにしています。

明るいインテリアが好きです。

32

mayさん

may

清潔で明るい白が大好きです

上／イメージに合わないアイテムはDIYすることも。　左／白は汚れやすいので、常にきれいにしようという意識が保てます。

Instagram「@may_m0516」

とにかく明るい空気感が生まれる白が好きで、カフェのようなインテリアが理想です。そして白は汚れやすいので常にきれいにしようという意識が保てます。

何より「漂白・除菌」が大好きなので、白であれば〝色落ち〟の心配がいりません（笑）。

色使いを含め、統一感を大切にしているので、自分のイメージに合わないアイテムは工夫して手直ししたりペンキなどでDIYをして楽しんでいます。

家に帰るとホッとします。自分がいちばん安らげる家になりました。忙しくてあわただしい日々が続くときも、キッチンを片付けたり床を簡単に拭いている時間に、少しずつ自分を取り戻して気持ちも落ちついてきます。掃除は私の大切な時間です。

冷蔵庫のドアポケットを整理しました

本日は冷蔵庫ドアポケット整理。以前、マヨネーズやソースの詰め替えもやりましたが、最近は面倒になり、やめました。セリアの調味料入れは便利なのでキープ。液体調味料は、プラスチックのものが液だれするのでイワキのガラスに変えました。これから棚を外して大好きな「除菌」をします。私の冷蔵庫掃除は、ハイターを薄めて布巾で拭いた後、「ドーバーパストリーゼ77」とキッチンペーパーでもういちど拭くのが定番です。掃除って質より回数だと思うけど、回数が大変ですね。

除菌掃除が好きです。

ベットリネンはスピードコースで2回洗い

毎回布団をカバーを外すときに、綿くずが隅にたまっているのが気になっていました。そこで最初に裏返してスピードコースで洗い、次にひっくり返して表側をもう一回スピードコースで洗っています。コロコロをかけてみたりしていたんですが、やっぱり洗うときれいになります。面倒ですが(笑)。乾燥が激しいこの時期は、日頃洗えない大物もガシガシ洗えていいですね。

スピードコースで2度洗いします。

洗いカゴもふきんも不要に

自分が気持ちよく暮らすために、家事で楽できるところはとことん楽できるように工夫しています。例えば「洗い物」。以前は洗い終えた食器をまずは洗い物カゴへ置いていました。

そこからカゴをなくし、ふきんの上に置くようになり、今はさらに進化して、「soil 珪藻土」の上に置くようになりました。バスマットで使っていてスゴく水を吸ってくれるので、もしかして洗い物の水切りに使えないかと思って、使ってみたら、大正解。洗い物が瞬く間に乾くようになりました。

珪藻土マットの上に洗い物を置いています。

PROFILE DATA

▼住まい、年代、仕事、家族、趣味

東京都世田谷区／主婦／長男・長女／ドライブ・ショッピング・読書

▼好きな家事

ファブリック類(枕カバーなど)の洗濯。洗い上がりの清潔できれいな布団で眠れることが大好きだから。散らかった物を片付けることも、片付けるうちに少しずつ自分自身が元気になる気がして好きです。

▼家事について以前と変わったこと、変えて良かったこと

自分が気持ちよく暮らすために以前よりも家事をするようになりました。楽できるところはとことん楽できるように工夫しています。

部屋に合わせてクリスマスツリーをIKEAで買い替え。フェルトを円形に切って、ツリースカートを手作りしました。

姪たちと子どもたちと両親のお墓参りに行った日の朝ご飯。私も頑張りますのでどうか見守っていてくださいと手を合わせました。

33

山口裕子さん

Yuuko Yamaguchi

キッチンを心地良くすると気持ちも安定します

Instagram「@cafeho_me」

キッチンの掃除と整理整頓が好きです。朝、家を出る前にはキッチンのシンクとガス台をきれいに拭いてリセットしてから出るようにしています。

キッチンに始まりキッチンに終わる主婦にとって、キッチンを心地良くすることは、自分の気持ちの安定につながる気がして、キッチンが乱雑なまま出かけた日には落ち着いて仕事に臨めない気がする自分がいます。

いつだったか定かではないのですが、朝早く目が覚め、何気なくキッチンの掃除を始めたところスイスイはかどり、スッキリきれいにして家を出たことがありました。その日は気持ちに余裕ができ、自分が誇らしく自信のようなものが生まれ、いろいろなことを前向きに考えられました。当然仕事の効率もよく、その日1日が大変充足感にあふれたものになったのです。その日からげん担ぎのような気持ちで続けています。

上／うちの窓にはカーテンをつけませんでした。そのため窓は小さいものをセレクトしています。　左／隙間時間にこまめに掃除をして汚れ過ぎないようにすることを心掛けています。

ホッとできる落ち着ける家

どんな気持ちで帰宅しても玄関を開けて入ったら、ホッとできる、落ち着くことができる、そんな家が私の永遠のテーマです。

玄関に入り、左の階段を上がるとリビング、右はお風呂なのですが、ここを見上げると私がホッとできる場所のひとつです。曲線と直線、混じり合う点と線、光の当たり方。設計士さんて本当に凄いなぁと感じます。すごい狭い空間なのに、別の世界が広がる感じがします。

階段の石タイルは自分で貼ったので思い出がいっぱいです。

ホッとできる空間にしたいと思っています。

器が大好きです

私は、器が大変好きで、毎年陶器市を楽しみにしています。ざらっとしたものやぽてっとした質感が好みです。いずれ、自分が欲しいという形、質感、色味の器を作りたいと考えています。ツヤのないマットな色のマグカップを手作りして、朝そのカップでコーヒーを飲む時間を持つことが私のささやかな夢です。

器が好きで集めています。

パントリーと小さな冷蔵庫

我が家のパントリー。整理整頓しました。うちは食器棚もないですしパントリーがないと物があふれだします。

そしてパントリー奥にある我が家の冷蔵庫は、大学生のひとり暮らし並みのサイズです。5人家族の山奥暮らしなのに。

これには理由がありまして、大きいサイズの冷蔵庫が階段から搬入できなかったということから始まりました。だったらいっそのことそこをプラスにかえて食料品の買いすぎによって、生まれる廃棄を減らすため、まとめ買いはやめようという私的ルールが生まれました。この冷蔵庫にしてから困ったなぁと感じることは意外にも少なく、10年経ちますがまだ元気に動いていてくれています。

左／我が家のパントリー。
上／冷蔵庫はひとり暮らし用みたいなサイズです。

PROFILE DATA

▼住まい、年代、仕事、家族、趣味特技
山梨県／40代／歯科衛生士／夫、自分、長女22歳、長男20歳、次女18歳／ヨガ月二回、カフェ巡り、木工DIY

▼好きな家事
キッチンの掃除と整理整頓

▼苦手な家事
アイロンがけ

▼家事について変えてよかったこと
仕事との両立生活なので、帰宅後無理に動こうとすると、長続きしません。帰宅後は体を休め、朝の時間をフルに使っています。

▼日常の中でのちょっとした楽しみ
部屋に必ず植物を置いています。枝ものは、部屋の雰囲気を変えてくれます。

▼日常の中での幸せ
帰宅してソファーに座ったとき、本当に癒されます。私は「今日も良き日にします。努力して大切に過ごします。」と毎日、唱えています。「いい日になりますように」ではなく、自分で良き日にするという誓いです。そのために仕事も子育ても、毎日努力して大切に過ごします。自分を自分で誇らしく感じることができ、幸せと感じる毎日であるために、その時その時を努力して過ごしています。

▼自分を磨くためにやっていること
気持ちを安定させ穏やかに暮らすためには身体が大切であると感じ、ヨガを始めました。

34

谷川静香さん

Tanigawa Sizuka

掃除を習慣にしてくれた両親に感謝しています

Instagram「@sizuka02112617」

1カ所整うと他の場所も整えたくなります。

賃貸暮らしなのでみんなが心地よくすっきり暮らせるように心がけています。

朝起きて整ってる部屋を見るととても気持ちのよいスタートが切れます。快適な気持ちになり他の場所も整えたい、という気持ちに。特に床掃除が好きです。アルコールスプレー「ドーバーパストリーゼ77」を吹きかけ終わった後、光に当たってきれいな床を見ると気分もすっきりします。きれいそうな床でも拭いてみると意外に汚れていてそれを見たときにこれだけきれいにできた、とすっきりした気持ちになります。掃除を習慣にしてくれた両親に感謝しています。

掃除がしやすいようになるべく物を置かないようにしています。子どものおもちゃも、おもちゃ専用の引出しをつくりそこにお片付けをしてもらうようにしています。

香りが好きでキッチン洗剤とトイレ洗剤、住居洗剤は「マーチソンヒューム」。使ってます。ハンドソープも欲しいけど今月は我慢。

キッチンの排水口の掃除をしました

キッチン排水口の掃除をしました。元々備え付けのカゴはとにかく網目が細かく、すぐに汚れてしまって掃除が大変でした。100円ショップで見つけた排水口のカゴに変更し、備え付けの蓋は取り外してみたところ、ストレスフリーになりました。家事の後は、必ず下の蓋まで取り外し、掃除をして1日が終了です。自分の中ですごくすっきりとした気持ちになります。最後のパストリーゼをしておしまいです。1日の終わりは、この状態にしないとスッキリしないのでみんなが寝た後、静かにお掃除しています。

備え付けのカゴは洗いにくかったので、変えました。

排水口の下の蓋まで掃除するとスッキリ。

浴槽も部屋もすっきりきれいに

浴槽のフタなどを外して久しぶりに掃除。ひとりですっきりいい気分になりました。

忙しいからお掃除はお休み、というようにはしないのがマイルール。娘もきれいな部屋は気持ちが良いね！　と言ってくれます。自分なりに自分に合った方法を見つけて、お掃除もお料理も好きになっていきたいです。

掃除もやっと終わりました。

浴槽もきれいに。

PROFILE DATA

▼住まい、年代、仕事、家族、趣味
大分県大分市／20代／主婦／夫29歳、私28歳、長女6歳、長男4歳、次女1歳／お気に入りのお店で雑貨を見るのが好きです

▼好きな家事
床掃除

▼苦手な家事
お風呂掃除

▼手を抜いているところときちんとやっているところ
料理はいかに短時間にできるか、ばかり考えてます（笑）。野菜は冷凍できるものはカットして冷凍、葉野菜は芯をくり抜きキッチンペーパーを湿らせ芯の部分にあてラップして保存。

▼日常の中でのちょっとした楽しみ
静かな朝にコーヒーを飲むことからスタートします。

▼日常の中での幸せ
子どもの寝顔です。寝顔を見ると明日も頑張ろう、とパワーがもらえます。

▼日常でのストレスと解消方法
子どもが3人いるので、私だけじゃ育児の人手が足りず、毎日あっという間に時間が過ぎていきます。ストレス解消法はお掃除。掃除をしてきれいな部屋になると落ちつきます。

▼忙しいとき
朝の登校、登園時間です。夜のうちに各自の服などを用意し、なるべく自分でできることは自分でする、とお願いしています。

3 食を大切に楽しむ

野菜多め、旬のものを使って。
食を楽しむ工夫は無限。
やってみたい
アイデアがたくさん。

35

こころのたね。yasuyoさん

yasuyo

お料理と器の個性、盛り付ける時間も楽しんでいます

自家製 白だし／自家製 麺つゆ／自家製 りんごジャム／骨ごとイワシと大葉のつみれ（冷凍保存用）／きのこの粉チーズマヨ炒め／自家製 ふりかけ（大根葉・じゃこ・ナッツ）／味玉（麺つゆ）／りんごジャムとクリチの蒸しパン／根菜のトムヤムミルクスープ／バターナッツカボチャの塩バター炒め／鶏むね肉フライ（下ごしらえ・冷凍保存用）／長ねぎグリルの柚子胡椒みそ／生きくらげつくねバーグのケチャップソース絡め／ブロッコリーの粒マスタード和え／じゃが芋と厚揚げの煮物／ごぼうとチーズの肉巻き・ゴマだれ添え／れんこんチップ／黒豆のあっさり煮／れんこんと人参と大根の甘酢漬け（柚子風味）／蒸し栗／紫キャベツマリネ／柿と大根ときゅうりのだし酢和え／ほうれん草のごまポンナムル

Instagram「@kokoronotane」
「身体に優しいごはんと丁寧な暮らし」
https://ameblo.jp/y-kokoronotane/

週末に作り置きおかずをまとめて（2～3日分）、作っておきます。朝の弱い私にとっては不可欠です。朝はお弁当に詰めるだけ、そして自分のお昼ご飯の時短にもなります。

お料理だけではなく、器の個性と盛り付ける時間も楽しみます。忙しい毎日を送っているとどうしてもいろいろなことが大雑把になってしまいがちですが、日々のちょっとした時間を自分へのご褒美にしたいと思っています。人生は限られた時間だということを常に頭に置いておけば、少しの時間でも大切に想い、楽しめるようになりました。

お昼ご飯。作り置きおかずいろいろと、豆腐と野菜のお味噌汁、発芽酵素玄米（大根葉・じゃこ・ナッツふりかけ）、ヨーグルトミルクゼリー（りんごジャム・柿・ぶどう添え）。

今日も寄せて集めて、お昼ご飯。作ったのは、さつま芋のすだち煮と、ひと口うさぎむすび。

作り置きおかずを寄せて集めてお昼ご飯

この日のお昼ご飯は、きくらげたっぷり中華スープ・おこげ添え、発芽酵素玄米おにぎり、フルーツとヨーグルトのキウイ・柿ジャム添えでした。

今週の作り置き

今週の作り置きおかずあれこれ。日々のお弁当ふたり分&私のお昼用。酢の物と冷凍物以外は2、3日で食べ切ります。

土曜の朝にまとまった買い物をして、金曜日の夜には使い切って、冷蔵庫は空っぽ状態になります。徐々に減っていくのが気持ちいいですね。すぐに使わない肉や魚、野菜はカットして冷凍しておくとすぐ使えて便利だし、無駄になりません。

副菜になる野菜類は、とりあえず気になるものを買ってきてその中から思いつきでどんどん作るといった流れです。

きくらげたっぷり中華スープ

栗形ハンバーグと3色おにぎり

自家製 白だし／自家製 麺つゆ／自家製 キウイジャム・柿ジャム／自家製 ふりかけ（柚子胡椒・ごま）／味玉（麺つゆ生姜）／タンドリーチキン／梅肉と大葉サンドのアジフライ（下ごしらえ・冷凍保存用）／ぶり大根／万願寺とうがらしの醤油麹 山椒焼き／さつま芋とりんごの蒸しパン／かぼちゃのレモン煮／栗形ハンバーグ／すだちのもずく酢／ニラチヂミ／ひよこ豆とツナのサラダ／人参のハーブサラダ／飾りラディッシュ／ごぼうのはちみつバターソテー／紫キャベツのナムル／タコ酢／小松菜の麺つゆおかか和え／れんこんと人参と大根の甘酢漬け（柚子風味）／黒豆のあっさり煮

PROFILE DATA

住まい、年代、仕事、家族、趣味特技
京都／フードコーディネーター、ハンドメイド作家／夫、自分、長男（社会人）、長女（高2）／料理、ハンドメイド、古道具、大正ロマン、器、インテリアetc……

食についてのこだわり
自然な環境で育った身体に優しい食材を使うことを意識しています。有機野菜、減農薬、発酵食品等。

人気メニュー、好きなメニュー
最近はもっぱら発芽玄米で作る酵素玄米にはまっています。もちもちでおいしく、少量ずつゆっくりと噛むので身体にもやさしく食べ過ぎも防げます。栄養たっぷり。

日常の中でのちょっとした楽しみ
お昼のひとりご飯と、1日の終わりに、半身浴でひとり時間を満喫します。

日常の中での幸せ
最近は、何気ない平凡な暮らしができていることに幸せを感じます。子どもたちの笑い声や、ペット（わんこ）と遊んでいるときなど。

自分を磨くためにやっていること
忙しい日常の中にも、自分時間（半身浴など）をなるべく作るよう心がけています。

作り置きは2日に分けて

作り置き、一気に作ると大変なので2日に分けて作っています。それでもラクちん！　とは言いがたいですけど。1日目：酢の物と冷凍もの、2日目にそれ以外のものを。2日間の合計3時間が理想ですが、今回みたいにコロッケが加わるとやっぱり4時間はかかってしまいますね。

自家製 白だし／自家製 麺つゆ／自家製 醤油麹／自家製 ふりかけ（じゃこ・梅）／味玉（カレーソース）／チョコバナナ蒸しパン／豆腐のつくね種（冷凍保存用）／小松菜の醤油麹おかか和え／味噌田楽（黒ごま味噌・麹味噌）／かぼちゃコロッケ（下ごしらえ・冷凍保存用）／豆腐のごまバーグ／さつま芋の肉巻き・照り焼き山椒／しいたけのツナマヨ焼き／油揚げと大根の煮物／春菊のピーナッツクリーム和え／ひじき肉味噌／蒸し栗／ポテトサラダ／ミョウガともやしの甘酢味噌和え／トマトとアスパラのだし浸し／赤玉ねぎのマリネ／れんこんと人参と大根の甘酢漬け（柚子風味）／黒豆のあっさり煮

ガラス容器で見える収納

作り置きおかずを入れるのは、iwakiの耐熱ガラス容器です。中が見えるので冷蔵庫から出すときもすぐわかって便利です。オーブンでも使えます。

自家製 白だし／自家製 麺つゆ／自家製 甘酒／ほうれん草のハーブソテー／味玉（麺つゆソース）／自家製 ふりかけ（カシューナッツ・ラー油）／抹茶のチョコチップ蒸しパン／秋刀魚のこっくり煮／ペタンコ海老フライ（下ごしらえ・冷凍保存用）／赤ピーマンと油揚げの甘味噌炒め／蒸し栗／鶏の肝煮／さつま芋のすだち煮／かぼちゃの肉巻き／トマトのはちみつ和え／ちぎりこんにゃくの梅煮／みょうがの甘酢漬け／紫キャベツのナムル／ほおずきトマト／黒豆のあっさり煮／れんこんと人参と大根の甘酢漬け（柚子風味）

今週も頑張りました

今週も頑張りました。全部で4時間くらいかかったと思います。今日から数日間の朝はラクにできます。つくね種は、その時の状況により、スープに入れたり、ハンバーグにしたり、包んだりなので、とりあえずこのまま冷凍しています。

自家製 甘酒／甘酒とココナッツミルクのジェラート／ほおずきトマト／ココアと苺ジャムの蒸しパン／自家製 白だし／長ねぎたっぷりつくね種（冷凍保存用）／自家製 ふりかけ（じゃこ・山椒）／味玉／自家製 麺つゆ／さつま芋とごぼうのきんぴら／梅きゅうりの鶏ロール／油揚げの甘味噌チーズ焼き／ゴーヤの竜田揚げ（下ごしらえ・冷凍保存用）／万願寺とうがらしのおかか醤油焼き／カボチャとツナの春巻き（冷凍保存用）／黒豆のあっさり煮／おでん／たまごinミートローフ／れんこんと人参と大根の甘酢漬け（柚子風味）／もやしのゆかりナムル／紫キャベツのマリネ／大根のポン酢ナムル／ツナと人参の粒マスタードサラダ／

素朴なチーズ蒸しパンレシピ

よく作る蒸しパン。粗熱が取れたら保存分はラップに包んで冷凍しておきます。食べるときは、ラップに包んだまま、ほんの数秒レンジでチン！　するとフワフワ感が復活します。

【材料】（直径18cm前後の蒸しパン1個分）☆薄力粉……150g　☆てんさい糖……50g　☆ベーキングパウダー（アルミフリーのもの）……小さじ2　★豆乳……140ml　★なたね油（米油などでも）……小さじ2　※チーズ（シュレッドタイプでも角切りでも）……50～60g（チーズなしでも大丈夫です）

【作り方】①せいろにクッキングシートを敷き、せいろ鍋に湯を沸かしておく。②ボウルに☆を入れて、泡立て器でクルクル混ぜる（振るいの代わり）。③別のボウルに★を入れて泡立て器で20秒ほど混ぜる。④③のボウルに②とチーズを入れてゴムベラで全体になじむ程度に混ぜる。⑤クッキングシートを敷いたせいろに④の生地を入れて蓋をし、せいろ鍋にセットする。⑥中火で25分蒸したら完成。

玉ねぎとパプリカのオープンオムレツ／自家製 甘酒／自家製 醤油麹／自家製ふりかけ（梅・ひじき・じゃこ）／塩トマト／チーズ蒸しパン／自家製 白だし／ニラつくね種（冷凍保存用）／うずら味玉（麺つゆ）／ブルーベリー＆ぶどう（冷凍保存用）／もずくピリ辛酢／オクラと人参と大葉の肉巻き ／まぐろのアーモンドフライ（下ごしらえ・冷凍保存用）／白菜とツナのとろとろ煮／自家製 麺つゆ／小松菜と桜えびのソテー／ほうれん草のピーナッツクリーム和え／ごま鯖のカレームニエル／タコウィンナー炒め／春雨と人参と塩昆布の中華和え／きのことトマトのトムヤムクンスープ／紫キャベツのマリネ／きゅうりの醤油麹おかか和え／れんこんと人参と大根の甘酢漬け（柚子風味）／黒豆のあっさり煮

36

きよこさん

kyoko.

母が料理好きなので私も食いしん坊に育ちました

Instagram「@kyoko_plus」

大館工芸社の曲げわっぱのお弁当箱。詰めるのが楽しいです。

ある土曜に作ったお弁当3人分。

母が料理好きなため、私も食いしん坊に育ったと思います。今でも、実家に帰ると食卓にいろいろなおかずが並び、私はまだまだだなあ、といつも反省させられます。

うつわ選びも母の影響を受けていると思います。すてきなうつわに料理をのせることで、料理のモチベーションも上がります。また、SNSでお料理上手な友人の写真を見たりして、刺激を受けています。

献立はなかなか思いつかず苦労しています。家の角を曲がるまで思いつかなかったり……(笑)。メインさえ決まれば楽なので、お肉はいろいろな種類をまとめて買っておき、いつでも何かしら作れるようにしています。なかなか魚を食べる機会がないので、週にいちどは新鮮なお魚が売っているスーパーで、魚を購入するように心がけています。

普段は夫婦のぶんと父のお弁当を作っています。特に曲げわっぱを購入してからは、毎日作るお弁当が苦にならなくなりました。彩りを考えることで、自然とバランスもよくなるし、なんの変哲もないおかずがおいしそうに見えるのは、曲げわっぱ効果だと思います。

運動会弁当

運動会のお弁当。お重に詰めるようなスタイルもバランスを考えて作るのが楽しいです。

買い物のリストアップとメニュー決めは前々日にやります。簡単にお弁当の絵を描いて、どこに何を詰めるか、あらかじめイメージして。

買い出しは前日に。前日には、夜ご飯の準備をしつつ、下ごしらえ。この日、最後まで作ったのは、ポテトサラダ、さつまいもの甘煮、なすとれんこんの甘酢和え、味玉（卵サンド用の卵も一緒に茹でて）。下ごしらえは、唐揚げ用の鶏肉カット＋味付け、海老の皮をむいて酒と片栗粉をまぶしておく、茹でオクラとパプリカを豚肉で巻いておくなど。

当日は9時半に就寝して4時半頃から作業開始。野菜を茹でて、ご飯を炊いて、揚げ物ざんまい。フライパンがあまり汚れないものから順番に作っていきました（玉子焼き→ウィンナー→海老チリ→ミートボール）。最後にそうめんを茹でて、終わり。

いなりに手間取って、詰め始めは6時20分頃。子どもたちが6時半には起きてくるので、ちょっと焦る。みんなが起きてきた途端に倍速で時間がススムのはどうしてなのでしょう（笑）。7時半に詰め終わって、写真を撮ってから、身支度＆準備。8時半から開会式！場所取り合戦に敗れたので、隅っこで食べました（笑）。

（写真上から）デザートのとろりんプリンとぶどう3種類。（写真左）重箱に入りきらなかった分。（中段真ん中）そうめんは固めに茹でて、味玉と野菜をのせて、100円ショップのふた付きデザートカップに。（中段右）、照り照りチキン、唐揚げ、小ネギの玉子焼き、ウィンナー、おいなりさん。（下段左）ハムレタスサンドと卵サンド。（下段右）、ポテトサラダ、さつまいもの甘煮、ミートボールとブロッコリー、プチトマト、春巻き（生協）、海老チリ、チーズとしそのぐるぐるちくわ、オクラとパプリカの肉巻き、とうもろこし、なすとれんこんの甘酢和え。

PROFILE DATA

▶住まい、年代、仕事、家族、趣味
鹿児島県／30代／会社員（パラリーガル）／夫、自分、長男11歳、次男8歳／お菓子作り、ファミリーキャンプ、読書

▶食についてのこだわり
父が趣味で家庭菜園をしていることもあり、旬の食材で料理をするようにしています。

▶お料理について好きなこと
お弁当を作ること。特に曲げわっぱを購入してからは、毎日作るお弁当が苦にならなくなりました。

▶お料理で苦手なこと
お米を研ぐことと、洗った食器を水切りかごに上手に入れるのが苦手です（笑）。

▶日常の中でのちょっとした楽しみ
子どもたちが寝た後に、お茶を飲みつつ、図書館で借りてきた本を読んだり、録りためたドラマを見たりするときです。その時間を捻出するために、お風呂に入る時に洗濯機を回してすぐ干せるようにしたり、てきぱき動きます。

▶自分を磨くためにやっていること
週に1、2回、スポーツジムに通っています。ジムに行く時には、朝、夕飯の準備をしておき、帰宅後すぐに夕飯が食べられるようにしています。また、事務仕事でパソコンと向き合う時間が長いので、いつも目に入る指先はなるべくきれいにしていようと心がけています。

朝ご飯はタンパク質と野菜を

朝食は、ワンプレートにパンやスープ、サラダ、卵料理を盛りつけ、フルーツやヨーグルトを添えたりする、という洋食スタイルが好きです。必ずタンパク質と野菜が摂れるように考えて作っています。

週末は、パンケーキが好評です。テフロン加工のパンケーキパンと、鉄フライパンだと、同じ生地なのに、鉄パンのほうが明らかにふわふわでびっくり。保温力もあるので、そのままテーブルに出して、最後まであたたかいままでいただきました。

厚切りバタートースト。畑から採ってきたバジルでバジルソースを作り、今朝はじゃがいもとウィンナーと炒めてみました。

左／一時期はまって焼いていたバターロール。レーズン入りとチョコチップ入り。　右下／茅乃舎のだしで作った筍ご飯。鍋で炊いて木曽のおひつに移します。　左下／週末恒例のパンケーキ。

合同誕生会にバースデーケーキ

満・艦・飾。この言葉しか思い浮かばない、2段ケーキ。

「お友達がうちで誕生会をやりたいって言ってる」と長男が相談してきまして。……ちょっと待って。誰の誕生会？（笑）

去年、たまたまケーキを作ってあげたのを喜んでもらえたみたい。長男も含め、7、8月のお誕生日の子が多いということなので、合同誕生会にしちゃう？　となりました。今回、女子も来るというので……しかも長男が好きな子も来るというので……そ、掃除もしなきゃ！（笑）

夜にフルーツをはさんで、朝組み立ててナッペとデコレーション。ナッペが苦手なのでごてごて飾って目くらましてみました。ほんとはこっそり影からのぞきたかったけど、後はお任せで、泣く泣く出社。

みんなでつっついて食べたらしく、長男、とっても楽しかったみたいです（笑）。

いつもとても楽しみにしてくれているので、作りがいがあります。

最近はキャンプがブームです

最近、我が家でブームのキャンプ。週末に予定を入れることで、それを目標にがんばれます。

この日は1泊2日のキャンプ旅。普段と同じような献立でも、外で食べるご飯は格別で会話も弾みます。いつもよりお手伝いもしてくれる気も……（笑）。我が家は男の子ふたり。そのうちついてきてくれなくなると思うので、今のこの時間を思いきり楽しみたいと思っています。

この日の朝ご飯は、目玉焼きと買ってきたパン、子どもたちがリクエストしたお餅など。夜はバーベキューです。

37

三好さやかさん

Sayaka Miyoshi

普段の食卓もキャンプご飯も楽しんでいます

ロースト野菜にゴルゴンゾーラドレッシング、スモークチキン、コーンスープ、カレー、ナン、スモークサーモンのグリーンサラダ。

「Sayaka's Life」
http://www.project-k.co.jp/reading/
Instagram「@insta.sayaka」

バーニャカウダ、チキン グラタン。

スパイスを効かしたお肉をメインに。

すき焼きとおにぎり。

食事はできるだけ手作りし、防腐剤など入ってないものを選ぶように心がけています。肉や野菜、魚などバランスの良い食卓を作れるように。肉や魚は日々交互に、片寄らないようにしています。

キャンプで食べるご飯も楽しみです。自然の中で食べるご飯は最高。普段のキッチンと違うと、なかなかバタバタしてしまいますが、アウトドア料理の幅を広げていきたいです。

子どもが大好きなハンバーグ

子どもたちはハンバーグが大好きです。子どもたちと一緒に作りました。煮込みハンバーグは割と厚めにたねを作りますが、子どもたちはすっごく小さく作るので、なんとか指導して普通の大きさに。我が家特製デミグラスソースで、目玉焼きをのせました。コーンスープと、カリフローレ（スティックカリフラワー）のサラダを添えて。

子どもも大好きな我が家のハンバーグ。

今日はおでんです

今日は鶏ガラと野菜から取っただしと、鰹と昆布のだしを合わせたおでんです。

寒くなると食べたくなるおでん。明日はさらにおいしく食べられるかな。

じゃがいもは娘が幼稚園の芋掘りで採ってきました。皮ごと蒸して、出汁に浸して。お酒のあてにも最適ですね！　ご馳走さまでした。

おでんとおそばで冬の食卓。

今日はステーキ丼

今晩は焼くだけで簡単、ステーキ丼にしました。

付け合わせに、ピーマンとズッキーニの揚げ浸しサラダ。ポトフは鶏ガラ3羽とお野菜でしっかりだしをとりました。たくさん作っても、すぐになくなります。

簡単ステーキ丼で
ガッツリの日。

PROFILE DATA

▼住まい、年代、仕事、家族、趣味
北海道札幌市／30代／代表社員／夫、自分、娘6歳、息子3歳／キャンプ、テーブルコーディネート、レシピの考案

▼食についてのこだわり
バランスの良い食事。

▼家族に人気のメニュー
家族に人気なのは、手巻きずし。自分で作れるのが子どもたちも好きなようです。またハンバーグは不動の1位です。

▼苦手なこと
お菓子作りがあまり得意ではありません（笑）。

▼今後チャレンジしていきたいこと
今携わっているのは料理動画の撮影で、糖尿病の方や腎臓病の方へのレシピを考案しています。本当に困ってらっしゃる方への力になれるようなお食事にももっとチャレンジしていきたいです。現代人は塩分摂り過ぎの傾向にあるので、そのようなメニューから学ぶ部分もたくさんあります。

▼手を抜いているところときちんとやっているところ
たまには外食に行きます。疲れすぎたときは無理をしません。絶対に全てをきちんとやろうと思わないようにしています。楽しんで家事をしています。

今日はピーマンの肉詰め

今日はピーマンの肉詰めです。自家製トマトソースで時間をかけて煮込みました。あとは、たけのことこのこの炊き込みご飯、豆腐と揚げの味噌汁、漬物です。北海道産原料100％の芋焼酎「黄金の冬眠」とともに。

ピーマンの肉詰め。自家製トマトソースで。

豚肩ロースの照り焼き

今日の晩ご飯は豚肩ロースの照り焼き、トマトと大根おろしを添えて。ニラ玉スープ、アスパラとブロッコリーの和風サラダ、もずく酢。大好評の照り焼きです。トマトと大根おろしを添えると豚肩ロースがとってもおいしい！

晩ご飯のテーブルにはキャンドルが欠かせません。

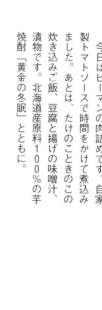

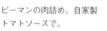

揚げたて イワシのフライ

今日の晩ご飯は、イワシのフライとあさりの味噌汁。写真にはないですが、この後ホタテのフライも作りました。やっぱり揚げたてがおいしい！ 昨日はあさりパスタとオニオングラタンスープを作ったのですが、あまったアサリで今日の味噌汁を作りました。

白いご飯がすすんでしまいます。

おいしい牛肉で チンジャオロース

今日は、ふるさと納税の返礼品でもらった上士幌地方の牛肉を贅沢に使ったチンジャオロース。肉の質がかなりいいので、レア目で卵黄をのせて、ユッケのような感じにしていただきました！ 今まで食べたチンジャオロースの中で、いちばんおいしかった！

今までいちばんのチンジャオロースでした。

38

りー♡さん

ri~

ボリュームたっぷり、彩り豊かに

Instagram「@riritantan」

発泡酒／梨／白菜と豚バラのミルフィーユ／玉ねぎのかきたま汁（赤だし）／メヒカリの唐揚げ＆ちくわ磯辺揚げ／明太ポテサラ／しらすのせご飯／いつもの厚焼き玉子／アボカドキムチの揚げ焼き

バランスよく肉、魚、野菜を使い、ボリュームたっぷり、彩り豊かな料理を作るのがこだわりです。実家が寿司屋だったので、父親に影響を受けています。でも実は魚をさばくのが苦手です。

旦那さんが仕事の平日は、きれいに盛り付けるように心がけていますが、土日は大皿に盛り付け、バイキングスタイルにして、盛付けを手抜きしています。また、自分のための盛付けは手抜きだったりします。

いる時間が多いリビングキッチンはいつもきれいにしておくのがマイルール。突然の来客にも慌てないよう日々の掃除は怠らないようにしています。

料理は全般的に好きですが、昔、指まですり下ろしたことがあるので、大根をすりおろすのが苦手。今後は、パン料理や、お菓子作りにチャレンジしていきたいと思っています。

この日はストックしてあったミートソースでドリア。ビール／オレンジ／ポタージュスープ／適当サラダ／ジャーマンポテト／フライドチキン／ミートドリア

肉だらけなカツカレー

秋田犬を展覧会に出すため、日々トレーニングと管理をしていますが、今日はひどい雨風。それでも犬たちはいつも通り、散歩に行きたがるので、合羽を着て行きました。少しは我慢してくれないかな。

夕ご飯は肉だらけなカツカレーでした。カレーにはゴロゴロお肉、さらにカツまで付いてお肉大好き家族には大満足のカレーです。見た目は微妙だけど味は抜群ですよ！

カボチャスープ／スパニッシュオムレツ／ポテトサラダ／カツカレー／発泡酒／オレンジ

今年初のおでんでした

夕ご飯は今年初のおでんにしました。具を入れ過ぎてはんぺんがのらないよ。おでんの日は献立に困りますが今日はサバの干物を添えました。

鍋のサイズをすっかり忘れていて溢れんばかりのおでんになってしまいました。「ちくわぶ」って関東限定なのかな!? 私は好きだけど苦手な人多いのかな。おでんがメインなのに、おかかおにぎりがおいしかったりして！

おでん／サバの干物／後のせハンペン／ちくわぐるぐる／いつもの厚焼き玉子／おかかたっぷりおにぎり／カブの漬物／発泡酒

ハンドブレンダー購入しました

ブラウン社のマルチクイック9ハンドブレンダーで、ミートソースを作りました。簡単にワンプッシュで作れてしまいました。これからどんどん使おうと思います。

オレンジ／ビール／ポタージュスープ／蓮根チーズナンピザ／チキンナゲット／適当サラダ／ミートソーススパゲティ

PROFILE DATA

住まい、年代、仕事、家族、趣味
関東／専業主婦／夫、自分、長女14歳、次女9歳、三女8歳／愛犬の秋田犬を展覧会に出すため、日々トレーニングと管理をしています。

好きな家事
料理

家族に人気メニュー
名古屋風手羽先の唐揚げや厚焼き玉子が子どもに人気です。

そのうち挑戦したいこと
パン作り

献立の決め方
頭に閃いたメインをスマホにメモして、空いた時間に副菜を考え、1週間分くらいの献立をメモ。

食について転機となった出来事
毎日喜んでもらおうと作っている料理に夫は無反応。誰でもいいから、作った料理を見てもらいたいとInstagramにアップしました。

日常の中でのちょっとした楽しみ
愛犬とのスキンシップ

日常の中での幸せ
1日の家事を終わらせ、晩酌するとき。子どもたちの就寝時間はきっちり守っています。

日常でのストレスと解消方法
子どもたちの姉妹げんか。料理を黙々と作ってストレス解消。

自分を磨くためにやっていること
目上の人の話をよく聞くようにしています。

濃厚コーンスープ／照り焼きチキンのナンピザ／みかん／生ハムとガーリックチーズ＆バゲット／バーニャカウダ／オイルサーディンとエリンギの和風パスタ

ちょっぴり手抜きな夕ご飯

冷蔵庫に材料が少ないときや疲れて手間を掛けたくないときはパスタにして、ちょっとだけ手抜きをしています。よく作るのは「トマトのシンプルパスタ」や「オイルサーディンの和風パスタ」です。

この日は買い出しに行かなかったので家にある物で。ライムサワー／スイカ／適当サラダ／オーガニック豆のスパイシースープ／カボチャベーコンのガリバタソテー／スパニッシュオムレツ／ボンゴレロッソ

リクエストに応えて

子どもからのリクエストで、この日の夕ご飯はガパオライスに。特に次女の好物です。もちろん私も大好き！

我が家は子どものために辛味を抑える事はせず、そのままの味を食べさせてます。「辛い～」と言いながらもおかわりして食べています。スイートバジルではなくホーリーバジルを使うとより本格的になります。

ジーマ／オレンジ／人参ソムタム／海老の生ハム巻き／タイ風シーフードスープ／ガパオライス

タルタルたっぷりチキン南蛮

チキン南蛮にたっぷりかけるタルタルソースの作り方。ぜーんぶ適当レシピです（笑）。

ゆで卵……好きな数
スイートピクルスみじん切り……適量
玉ネギみじん切り……適量
マヨネーズ……適量
ピクルスの液……適量
ポッカレモン……少量
パセリ……適量
塩胡椒……適量

ビール／桃／かぼちゃサラダ／ベーコンとエリンギのガリバタ炒め／ちりめんじゃこご飯／白菜の味噌汁／チキン南蛮＆付け合わせサラダ

おうちでアヒージョ

この日は、愛犬の仲良しメンバー達とバーベキューをしてきました。気の合う仲間達と一緒っていくつになっても楽しいね。ついつい飲み過ぎちゃったけど今日ももちろん飲んじゃう。

　アヒージョ、家で作ればたくさん食べられます。なんちゃってアヒージョでも十分おいしいです！

ぶどうサワー＆フルーツ／海老のアヒージョ＆バゲット／ポタージュスープ／適当サラダ／きのことれんこんの和風パスタ

夕ご飯は簡単中華

この日は、お墓参りをして来ました。お盆で親戚のうちに行くと、何だか子どもの頃にタイムスリップしたような不思議な感覚になりますね。

　夕ご飯は簡単中華でした。炒飯に麻婆豆腐というと定番の中華だけれども、逆にガツガツ食べられるメニューでもあります！

グレフルサワー／キウイ／肉団子／適当春巻き／ワンタンスープ／炒飯／麻婆豆腐

魚の煮付け定食です

知人から新鮮な魚をいただいたので「魚の煮付け定食」にしました。「煮付けにどうぞ」って言われたから素直に煮付けたけれど、この魚が何の種類か、ネットで調べてもわかりません。寿司屋の娘なのに（笑）。メバルかイサキのようですが（笑）。おいしかったです。

オレンジ／塩麹で厚焼き玉子／ブロッコリーのツナポンサラダ／ちくわの磯辺揚げ／きゅうりの浅漬け／明太ご飯／魚の煮付け／大根の揚げの味噌汁

39

坂本ちなみさん
Chinami Sakamoto

春には春、秋には秋 旬を食すことを大切にしています

採れたて野菜で作りました。カラフル野菜のお寿司。塩ゆでしているものが多いです。いろいろなドレッシングをかけていただきました

Instagram「@chinamisakamoto」

「野菜を見ると何かしたくなるビョーキ」。グリーンオープンサンド。

ウォーターメロンラディッシュ(紅芯大根)のサラダ

野菜は、可能な限り無農薬のものを自家栽培しています。野菜を育ててみてわかったのですが、野菜のもつリアリティは強烈です。食べたものが体を作るというシンプルなことを四季を通して学んでいます。自家栽培の野菜やハーブを使用して作ったお料理を、家族や友人がおいしいと言ってくれたときに幸せを感じます。

料理については、小さいころから、両親に影響を受けました。春にはタケノコやワラビ、つくしなどの山菜採り、夏にはスイカ割りや鮎釣り、秋にはキノコ狩りや栗拾いをさせてくれ、冬にはおせち料理の作り方を教えてくれました。そうしたことが料理を好きになったきっかけだと思います。また、小学生のころお友だちと野草を摘んできてオママゴトをしていたときは、「よく切れる包丁を使いなさい」と母は本物を手渡してくれました。

子どもが生まれてから、以前より栄養面を気にするようになりました。自家栽培を始めたのも食育がきっかけです。春には春に採れたものを、秋には秋に収穫したものを、と旬の食材を摂るよう心がけています。

何かを作っているときがいちばん幸せ

朝食用の、カラフルオープンサンド。土台は、クラッカーです。タプナードやツナマヨなどを塗ってます。何かを作っているときがいちばん幸せで、いちばん心臓がドキドキ高鳴るときです。

野菜と果物のカラフルオープンサンド

キュウリのオープンサンド。

花火プレート

PROFILE DATA

住まい、年代、仕事、家族、趣味

関西／（株）Swanky Systemsデザイン部担当／夫、自分、長男15歳、次男10歳／自家栽培、読書（図書館へ通うのが好きです。思いもよらない本に出逢えるから）

好きな家事

料理が好きです。

家事について変えたこと

保温調理器を使い出してからさらにお料理が好きになりました。低火力でじっくり長時間煮込むのが好みだった私は、その消費電力が気になっていたのですが、保温調理器は最初の数分のみ火を入れるだけで、あとは保温しながら勝手に煮込んでくれるのです。本当に重宝しています。

日常の中でのちょっとした楽しみ

仕事合間の楽しみは図書館で好きな本を見つけること、そして大好きなカフェでその本を読むことです。

日常でのストレスと解消方法

ストレスを感じたら、さまざまな場所で集めた大切なカトラリーを磨いて解消します。

自分を磨くためにやっていること

仕事場は都会ですが、住まいを緑豊かな場所（森）に移したため公共の乗り物がありません。そのため毎朝6時半には子どもたちの学校送迎（30分）が始まります。家族が一緒に過ごせる時間は無限ではありませんし、少しでも有意義な時間を共有できるよう1日を通して心がけています。

朝食にフルーツ

こちらは、フルーツのまろやかな甘味とヨーグルトのほど良い酸味をミックスさせた朝食にぴったりな、モーニングヨーグルトボウルです。

ゴマ、キヌア、アマランサスなどのスーパーフードも取り入れて、さらに栄養面を充実させています。また、食べる際に目でも楽しめるようフルーツの持つ色彩を生かしてカッティング。ブルーベリーが生み出す食感はヨーグルトを十倍おいしくしてくれると信じています！

スムージーボウル&フルーツヨーグルトボウル。

野菜たっぷりカラフル串鍋

冬に仲間が集まるときには必ずと言っていいほど串鍋を用意しています。メインのメニューが他にあったとしても、サイドメニューで活躍したり、ピンチョス代わりにしてみたり。

色とりどり、食感もまちまち、そんな異素材たちが混ざり合ったお祭りのような串鍋は、冷蔵庫のお掃除にもひと役買ってくれます。

ストウブ鍋で。串鍋をしました。

真ん丸ミニミニおにぎり

30gのミニミニおにぎり。「ミニ雪見だいふく」(9個入り)のトレーで作ってみました。まん丸にできるから楽しい。

おもてなし、手土産、ポットラックなど、我が家の「お重」は出番が多く常に身近なもの。小さく並べればおにぎりだって立派な手土産になります。自家製の佃煮やしぐれ煮などを具材にしておにぎりを握ると、食べてくれる方々がほっこり笑顔に。空っぽになったお重を見て、次は何を詰めようかと楽しくなります。

雪見だいふくの3個用空きトレーをふたつ合わせてシェイクするとご飯が丸くなります。

里芋バーグとカラフル野菜弁当

照り焼きソースの里芋入り野菜バーグと、カラフル野菜たちのお弁当。並べたお野菜たちは、イエロービーツ、ウォーターメロンラディッシュ、ゴルゴビーツなど。野菜のキレイな発色を見るとテンションが上がります。

野菜弁当はちょっとした集まりによく持参します。野菜不足という話を聞くと、写真のように採れたて生野菜と調理した根菜野菜を組み合わせます。

大切に育てていたウォーターメロンラディッシュ。色がきれいです。

40

ひろさん

hiro

おいしく食べられるように味も見た目も考えます

材料／餃子の皮（大判だと75個、普通で100個くらい）、キャベツ一玉とにら1束（ゆでて水分を適度にしぼり、みじん切り）、豚ひき肉600ｇくらい、下味用調味料（オイスターソース 大1と½、ごま油大さじ2、しょうゆ 小1、砂糖 小½、塩胡椒、しょうが、にんにく、片栗粉適宜）

Instagram「@hiro71111」

なすとトマトの大葉マリネ。油を塗ってレンチンしたなすを一口大に切ってから、トマト、とうもろこし、大葉とともにオリーブオイル、「おいしい酢」（調味酢）、醤油、塩こしょうで和えてます。

付け合わせにきゅうりの山椒中華だれ。半割りしたきゅうりに細かく切り目入れて塩もみ。醤油、「おいしい酢」（調味酢）、ごま油、生姜。庭の木の芽（山椒）の葉、一味唐辛子を。スパイシーでおいしい。

添加物の少ない食品を使い、野菜をたくさんとれるように心がけています。おいしく食べられるように味や見た目を考えます。季節の食材が出始めるときは、新しい食べ方について考えたりネットで探したりするのも楽しいです。

家族に好評なのは餃子。大学生の息子はこれだけは、うちのよりおいしいものを食べたことがないと言っています。

味付けの作り方のポイントは多めのごま油とオイスターソース。練ってる時点で匂いがおいしい（笑）。

焼くときは、フライパンに油をひいて中火で温め、餃子をぴっちりと並べます。餃子が少し茶色になるまで焼き色をつけたら、お湯50cc強を投入し蓋をして蒸し焼きします。蒸しあがってくると皮が透き通ってくるので、その状態になったら蓋をとり水分を飛ばしながらさらに焼いていきます。蓋を取った後は揚げ焼きする感じになるようにごま油を投入。餃子のふちがカリッとかたくなればフライ返しをゆっくり差し入れフライパンと餃子が楽にはがせるくらいになったら出来上がり。残ったごま油はキッチンペーパーなどで吸い取ってからお皿を蓋にして餃子をひっくり返します。

作り置きは3日以内か、5日以内。後は冷凍で。

作り置きって、本によっては同じようなレシピでもで日持ちは3日だったり1週間だったりとさまざまです。私自身は3日以内のものと、5日で食べ切るものと分けています。後半に使うものは冷凍するので、当たり前ですが冷凍できるおかず。5日持つものは、味の濃いものやマリネです。あと青物は味を付けると色が変わるので茹でるだけで冷凍して、後半も使えるようにしたりしてます。

新玉ねぎと生ハムのサラダ／／ハンバーグ／ぬた用ゆでわけぎ／アスパラの肉巻き／醤油麹焼き豚／飾り切り にんじん／生姜の佃煮／さつまいものくるみ味噌あえ／ゆでおくら／かぼちゃのおかか煮／紫白菜の浅漬け／ゆでさやいんげん／にんじんのコンソメ煮／ゆでスティックブロッコリー／ゆでカリフラワー／絹さやとコーンのバター炒め／カリフラワーのマリネ／飾り切り赤大根／ゆではうれん草／金時豆の甘煮／パプリカとソーセージのクレソル炒め／にんじんのオイスターきんぴら／餃子あん／めかじきの香草焼き／プチトマトのハニーマリネ／さつまいもバターご飯／いなり用あげ煮／新玉ねぎの中華マリネ

翌日のお弁当。さつまいもバターご飯でおにぎり。めかじきの香草パン粉焼き／金時豆の甘煮／絹さやとコーンのバター炒め／にんじんのコンソメ煮／パプリカとソーセージのクレソル炒め／さつまいもバターご飯／飾り切り にんじん 赤大根 甘酢漬け／カリフラワーマリネ、プチトマトのハニーマリネ、キウイなど

PROFILE DATA

▼好きな家事
料理

▼料理についてのこだわり
添加物の少ないものを使う。おいしく食べられるように味や見た目を考える。

▼家族に人気のメニュー
餃子。

▼料理が好きになったきっかけ、影響を受けた人
母がフルタイムで働いていたため、子どものころから自分でやっているうちに楽しくなっていた感じです。それと母の影響はあると思います。餃子も母から教えてもらったものですし、よく刺身用のさくを何種類か買ってきて、大桶ににぎり寿司を作ってもらったことはおいしい思い出です。

▼手を抜いているところときちんとやっているところ
つきつめ過ぎない。添加物の少ない食事は心がけていますが、そういうものでしか出せない味もあると思うので子どもたちに強要しない（笑）。私自身、外食もしますしコンビニも入ります。

▼日常でのちょっとした楽しみ
スーパーでの食材探し。新しいものや知らなかったものに出会えるのが楽しいです。ガーデニング。

トマトを大量消費できました

トマトをたくさんもらったのでトマト大量消費。コンソメびたしはコンソメにお醤油、黒胡椒で味付けしたのにつけました。

トマトのコンソメびたし／ローストビーフ／トマトと塩昆布のナムル／パープルクィーンの梅シロップ／グリルかぼちゃのクミンチーズ／パプリカのバジルのソテー／ゆでさやいんげん／飾り切り にんじん 紅くるり大根／タンドリーチキン／なすのぽん酢生姜あえ／ゆで小松菜／たまごの袋煮／小かぶの浅漬け／さばの照り焼き／飾り切り 赤かぶ／大根のゆかりあえ／紫玉ねぎのレモンマリネ／さくらんぼ／きのこの佃煮／にんじんの黒胡椒ソテー／パプリカの塩麹マリネ／ゆで三つ葉／さつまいものきな粉あえ／ゆでとうもろこし

お魚料理を増やしたい

今日は長男用、置き弁の「サヴァテリヤキーヌ」。なかなかの分厚さで、盛り上がっています。

お魚料理のバリエーションをもっと増やしたい昨今。見ただけでおいしそう、と感じるお魚料理を作れるようになりたいです。

サヴァテリヤキーヌ／たまごの袋煮／大根のゆかりあえ／さやいんげんのくるみ味噌あえ／なすのぽん酢生姜あえ／紫玉ねぎのレモンマリネ

麻婆豆腐で晩ご飯

晩ご飯は麻婆豆腐。なすはねりごまとすりごまのダブルごまダレで「おいしい酢」（調味酢）にお醤油少々であえてます。ねりごまを入れると一気にコクが増してみょうがとよく合っておいしいのです。

いちじく／ガーリックチーズ粉ふきいも／麻婆豆腐／ピーマンのおかかきんぴら／なすのねりごまソース／アスパラとトマトのゆずジュレ／パプリカの柚子胡椒あえ／金ごまご飯／たまごの中華スープ／キムチ／大根と油揚げのさっぱりサラダ

きのこ汁と作り置きで晩ご飯

朝から雨でひんやりしているので、きのこ汁と寄せて集めた作り置きご飯。母愛用の栗むき「栗くり坊主」で頑張って皮をむいた栗ご飯。おいしーい！

いつも皮むきは母がちゃちゃっとやってくれるのですが、自分でやったら指に水ぶくれができました。

栗ご飯／鮭のすだち幽庵／「ソイミート」（大豆＆植物たんぱく食品）の酢豚／かぼちゃとさつまいもの甘辛炒め／かぼちゃマッシュ／ゆで小松菜／フライドさつまのシナモンシュガー／ゆでさやいんげん／ミートボールのトマト煮／ゆで豆苗／パプリカのおかかあえ／にんじんの甘煮／パプリカのみそマリネ／もやしとにらのナムル／高野豆腐のスイチリ炒め／里芋とにんじんの煮物／赤大根、にんじん飾り切り／紫玉ねぎのコンソメマリネ／餃子だね

作り置きを寄せて集めたご飯です。

41

まきさん

maki

4時過ぎに出勤する主人にお弁当を作っています

Instagram「@ururun_u.u」

ブリの照り焼き／唐揚げ／出汁巻き玉子／万願寺とうがらしと竹輪のきんぴら／明太子にんじん／小茄子の揚げ浸し

主人が朝4時過ぎに出勤するので、お弁当は夜中に作っています。おかずを冷ましてる間に寝落ちしちゃったことも。献立は、大体3日分をまとめて立ててカレンダーに書いてます。その中からお弁当にスライドできるものは印を付けたり。メイン（肉・魚）のどちらかが連続しないように、味付けや調理法がかぶらないようにします。常備菜はまとめて作らず、毎日2品ほど晩ご飯と並行して作り、毎日作り足すようにしています。

今日の弁当って見た目も内容も、団塊の世代の人が食べていたであろう、いわゆる昭和弁。紅鮭の自家製西京漬／出汁巻きたまご／柚子胡椒きんぴら／ほうれん草の胡麻和え／切り干し大根の炊いたん／大学芋（メープル醤油味）

今週も「一汁＋常備菜」

今週も、汁物ひとつに、常備菜いろいろ……「一汁常備菜」！　キュウリとザーサイを切った以外は、全てタッパーから出して盛っただけです！　手早く食べられるっていいね。

以前は常備菜もまとめて作ってた時期もあったんだけど、食べ忘れちゃったりするし、なるべく新鮮なのがいいかなと思って、毎日晩ご飯のおかず作りの時に2品くらい作り足しています。晩ご飯のおかずをちょっと多めにというような感覚で。大体2日くらいでなくなります。

いくら丼（コストコ）／わかめスープ／キュウリとザーサイの和え物／鯵の南蛮漬け／ゴーヤの甘辛おかか炒め／さつまいもの柚子ジャム煮／だし巻き卵／塩きんぴら

ししゃもを焼いてお吸い物を作りました。昨日作ったおからの炊いたんが美味すぎる件。玉ねぎ、干し椎茸、人参、ごぼう、薄揚げ、こんにゃく、ねぎ……具だくさんにすると◎。黒米入りおにぎり／エノキと豆腐のお吸い物／だし巻き卵／かぼちゃの炊いたん／焼きししゃも／いかとキュウリの酢の物／おからの炊いたん

PROFILE DATA

▼住まい、年代、仕事、家族、趣味
神戸／接客業パート／夫、自分／うつわ集め

▼食についてのこだわり
野菜をたくさん使う。

▼家族に人気のメニュー
私はゆるゆるですが、糖質制限をしているのでその献立です。主人は揚げ物が好きなので、それも少し糖質制限にしたお弁当にしたりしてます。

▼今ハマっていること
スパイスをいろいろ使って作るカレー。

▼手を抜いているところときちんとやっているところ
後で楽したいタイプなので、時間があるときにまとめてフライ用に衣付けしたり、魚の切り身で西京漬を作ったりして冷凍貯金をしてます。「いつかの頑張った私にありがとう」って思えますから。

▼日常の中での幸せ
ここ2年ぐらい主人が3カ月おきに単身赴任をしていたので、唯一一緒に食事ができる晩ご飯の時間は大切にしてます。

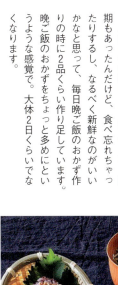

器《うつわ》集めが大好きです

器集めが好きで少しずつ増えてます。大好きな黒い器たち。意識して集めたわけじゃないけど結構ありました。写真の上の方と、手前の楕円輪花は「よしざわ窯」、それ以外はここ2年くらいで集まりました。豆皿、豆鉢が大好きでなので、もう食器棚の中で雪崩が起きそうです。入りきらなくて今じゃウォークインクローゼットが第2の食器棚になっています。

お気に入りの黒い器たち。

松花堂弁当みたいに

ほぼ主人の弁当の内容と同じ、私の昼ご飯。全部弁当の残りだから、盛り付けただけでラクラク。

豆皿を使って松花堂弁当っぽく。この六つ切りお重、よくあるサイズのミニサイズだから豆皿も9㎝以下のもの使えば入っちゃいます。

いくらのカッパ軍艦 おにぎり／茹で卵＆ししゃもの味醂干し／海老とブロッコリーの中華炒め／人参葉と竹輪のかき揚げ／大根とかぼちゃ、サツマイモのそぼろ餡かけ／柿なます

潔く2品おかず弁当

潔い3品おかず弁当に憧れて作った、お弁当ですが、2品しか入ってません……。まぁ、こんな日もあるさ。

チャーシューはいつか作ってたものを冷凍していたもの。赤いのは糸唐辛子。これだけしかおかずがないのに、味玉で手こずりました。卵はL玉2個で、熱湯から7分半から8分。卵の大きさや個数で茹で時間変わるから難しかった。卵2個も無駄に私のお腹の中に……。

チャーシュー丼、味玉／キウイ／ハロウィンクッキー

本日の私の朝ご飯

いつものように弁当の残りを豆皿にちょこちょこと並べて、いろいろ食べるのが好き。

今日は、お皿に並べる前と並べた後の「ビフォーアフター」をやってみました。

揚げ手羽先のバタピー味噌和えは、無糖のピーナツバター大さじ2、味噌大さじ1、醤油小さじ½、はちみつ大さじ1〜2、酒小1を混ぜて、片栗粉はたいて揚げた手羽中（15本くらい）と絡めるだけ。

おにぎり（もち麦黒米・野沢菜巻き）／揚げ手羽中のバタピー味噌和え／ピリ辛こんにゃく／小松菜と竹輪の炊いたん／ゴーヤの塩炒め／出汁巻きたまご（旨みだし梅乗っけ）／具だくさん味噌汁（玉ねぎ、大根、人参、豆腐、わかめ）

おにぎり弁当

「トリカラーキヌア」というのを見つけました。白、赤、黒のミックスキヌアで色がなんともかわいい！　今回は香ばしく煎って塩むすびにまぶしてみました。

おにぎり（柚子胡椒ごま、黒米、野沢菜巻き、トリカラーキヌア）／コロッケ（揚げただけ）／玉子焼き／春菊と人参の胡麻和え／焼き万願寺ににんにくエビ塩パラリ／さつまいものメープルバター／五目豆

おふたり様朝ご飯のはずが…

この前のおふたり様朝ご飯。干し貝柱入りおこわと常備菜たち。干し貝柱とキノコから旨味が溢れてる♪

おこわはいつもはもち米と白米を1：1なんですけど、今回は2合を3：1で炊いたらモッチモチでした。

これ、おにぎり1個70〜80gはあるのに、私がちょっと用事してる間になくなっていて、1個も残ってませんでした！　あなた全部食べたんですか？　ひとりっ子か――――！（姉がいます）そんなイラっとした日でした。

おにぎり（干し貝柱ときのこのおこわ、かぶ菜と胡麻）／ひじき入り切り干し大根の炊いたん／海老の南蛮漬け／ブロッコリーの胡麻和え／具だくさん味噌汁

42

asu_chinさん

asu_chin

手作りスイーツで幸せなおうち時間を楽しんでいます

コーヒーフロートで休憩。手づくりと言ってもアイスを乗せただけです。カフェオレベースは、愛知の「ガレージ・コーヒー・カンパニー」さんのもの。加糖と無糖があって、コレは無糖だけど苦すぎず良い具合にコクがあっておいしい。

Instagram「@asu_chin」

カフェ巡りが好きです。友達と行くときは、普段の出来事を話したり情報交換をして、ワイワイと楽しくストレス解消をしています。特に予定のない日はひとりでもふらっと好きなカフェに行ってます。そこで食べた食事やスイーツを参考に、スイーツを手作り。家族との団らんでも、手作りスイーツが欠かせません。

左上／レモンタルト。子どもらは見事にレモンは外して食べてくれました。　右上／インスタントコーヒーでコーヒーゼリーを作り、生クリームを六分立てしたものを上に流し、グラノーラに市販のソフトクリームの上の部分だけトッピングしました。　左下／「ピーチメルバ」（桃とバニラアイスとラズベリー）。アイスが溶けました。　右下／「ブラフベーカリー」のホールウィートブレッド。焼きバナナにマスカルポーネ＆オイコス＆ホイップのクリームにエスプレッソソースをかけて。焼きバナナって甘くておいしい。

頑張った手作りおせち

今年は久しぶりにおせちを手作りしました。結婚当初は頑張って作っていたのですが、出産後、日々の忙しさから作る気力がわかず、購入していました。

家族には、やっぱり手作りっておいしいね～と好評でした。購入したものは、あっという間に食べてなくなりますが、手作りした物は量もそれなりに作るので、沢山食べられるのも良かったです。

炒り鶏、数の子、黒豆、栗きんとん、たたきごぼう、のし鶏、紅白なます、鮭の昆布巻き、田作り、ぶりの照り焼き、たいの昆布締め、えびのうま煮、ローストポーク、伊達巻き、かまぼこ3種

ワンプレートご飯

いろいろな野菜と食材を利用して、彩りよく盛り付けるようにしているので、自然と栄養バランスがよいプレートになってると思います。

ワンプレートを作る際には、大好きなカフェでのカフェご飯も参考にしています。食欲のわく見た目と、食べても満足するワンプレートを目指して作っています。

「EPPE」のパンでワンプレート。

子どもが大好きな厚焼き玉子サンド

厚焼き玉子は、玉子焼きが大好きな子ども達によくリクエストされるので作っています。味付けは少し甘めにするのがポイントで、焼きすぎず、ふわふわ感を残して作るようにしています。食べ応えが出るよう、厚く厚く焼くように気をつけています。

パンは厚切りより薄切りが合うので、8枚切りを利用して作っています。

ふわふわ感が残るように焼きすぎないように。

PROFILE DATA

▼住まい、年代、仕事、家族、趣味特技

東京／専業主婦／夫、自分、長女15歳、長男12歳／カフェ巡り

▼家族に人気のメニュー

厚焼き玉子サンド。

▼お料理について好きなこと、楽しんでいること

好きなパンをワンプレートにしてランチやブランチで食べること。

▼日常の中での楽しみ

家事の合間合間にコーヒーを飲んだりスイーツを食べたりして、リラックスしてます。

▼日常の中での幸せ

家族との団らんには、手作りスイーツを作ってコミュニケーションをとっています。

▼ストレス解消方法

ときどき大好きなカフェ巡りをして、ストレス解消をしてます。

三層コーヒーゼリーのアイスのせ。簡単なのにフォトジェニック。

43

flit_21さん

flit_21

四季を意識して たくさんの食材を おいしく

旬のものをバランスよくとるようにしています。春野菜の天ぷら／手まり寿司／筍とふき、わかめの薄煮／茶碗蒸し／春キャベツと豚バラのミルフィーユ／空豆のスープ／菜の花のからし酢味噌和え／サラダなど

Instagram「@flit_21」

羽二重餅米と雑穀のちびおはぎを作りました。黄色は安納芋を蒸してこしただけで、着色なしでこの発色。緑は、ずんだ。紫は白あんに紫いもパウダーを混ぜています。

猫の額ほどのうちの花壇には、シマトネリコ、ユーカリ、ミモザ、オリーブなどの大木がジャングル化していて、それらにモッコウバラや、小さなつるバラがからんでいます。そして下のほうにも小さな花がたくさん咲きました。

食べ物の旬に関する家仕事や、季節の植物を飾るなど四季を意識した生活を心がけています。

献立は、旬のものをバランスよく。でも無理をせず、手早く、作り慣れているものを。家族のイベントなどは、リクエストに応えられるよう少し頑張ります。

盛り付けは1品の量は少しずつにしてたくさんの食材をとれるよう、ひとりひとり盛り付けるのがこだわりです。母は簡単なものでもとにかく品数を多く作っていたため、私も同じように少しずつでも品数は多くなってしまいました。

いかに手を抜き、手早く、家族が喜ぶものを作るかを考えることも楽しいです。今後は、ひとつひとつの食材のバリエーションを増やしたいと思っています。

手間がかかったオランジェット

オーストラリア産のネーブルオレンジをたくさんいただいたので、ドライにしたり、オランジェットにしたり、ジュースにしたり。

　オーストラリアの農産物は厳しく安全管理されているということで、国産に負けない安心感があります。このネーブルもジューシーでやわらかく、おいしい。厚めにスライスして「オランジェット」を数日かけて作りました。

　手間がかかったぶんワクワクもひとしお。チョコもたっぷりかけました。

いただいたネーブルオレンジで作りました。

おやつはパンケーキ

おやつにバターとヨーグルトのもちもちパンケーキ。サワークリームと生クリームのホイップのせ。Instagramで人気の、おいしいものがたらりの写真ハッシュタグ「#たらりんピック」をやりたくて。存在を忘れかけてたコムハニー、贅沢に使いきりました。

サワークリームと生クリームのホイップをたっぷり。

PROFILE DATA

▼住まい、年代、仕事、家族、趣味

大阪府／夫、自分、長女21歳、次女18歳、長男11歳／読書、洋裁、編み物、ドライフラワー、押し花、お菓子作り、雑貨屋巡り、映画鑑賞

▼好きな家事

家をすっきりと整えること

▼好きな家事についてのこだわり

毎日簡単に整え、月の始まりや、季節の変わり目には割と大掛かりに整えて大掃除、模様替えを楽しんでいます。

▼家事について以前と変わったこと

全て自分でやるのではなく、家族に手伝ってもらうことで、お互いの感謝の気持ちも大きくなり、自分の時間もとれるように。

▼日常の中でのちょっとした楽しみ

コーヒーを淹れてひと息つき、次の日に何をしようか、考える時間が好きです。

▼日常の中での幸せ

子どもたちが笑っているとき。できるだけひとりでご飯を食べることのないように。テレビはリビングに一台のみ。

▼自分を磨くためにやっていること

やりたいこと、行きたい場所などをリストにして、意識しながらこなす。たくさん本を読むこと。

44

hanyacoroさん

hanyacoro

丁寧に下ごしらえした素朴なご飯を大切に

Instagram「@hanyacoro」

大豆のフムスを作りました。本当はひよこ豆で作るフムスですが、大豆に、ヨーグルト、絹豆腐、自家製バジルにニンニク。キンキンに冷やした白ワインと。

上／この日のメインは、実家で採れたカブの肉詰め。煮込んだスープがめちゃくちゃおいしい。たくさんもらったズッキーニ、ニンニクとハーブ、少しの鶏肉とで、ストウブ鍋に入れてことことオイル煮。これ大好きです。　左／時間ができた土曜に常備菜作り。黙々とする作業が好きです。春巻きは、ミートソースの煮詰める前の具材だけ取り分け、戻したヒジキに溶けるチーズを混ぜたもの。

なるべく季節を感じられる食材、地元産を使い、食卓を楽しんでいます。健康な身体にすこやかな心が宿ると思うので、丁寧に下ごしらえした素朴なご飯をありがたくいただける毎日が、「丁寧に暮らす」ということかなと思っています。

常備菜を作るのが好きです。冷蔵庫の中にあるものだけでどれだけの種類が作れるかを考えたり、固定観念にとらわれず違う食材でどんどん代用したり、工夫しています。

習い事がある平日は、簡単なワンプレートご飯。家族みんながいる日は、おかずは最低5品。肉ばかり続かないように野菜たっぷりのメニューを作っています。

食べなれたものでおもてなし

喜んでもらえることが多い私のおもてなし料理。でもそんなに凝った料理ではなく、食べなれたものを、盛り付けなどでおもてなし感を伝えて振る舞います。テーマに合わせてテーブルコーデや使う器、飾るお花などを、事前に考えるのが至福の時間です。

メインはチキンのオイル煮。赤ワイン（ピノノワール）には、ベリーソースにバルサミコ酢まぜたものを煮詰め、コクを出した甘酸っぱいソース。白のシャルドネには洋梨と玉ねぎのクリームソースをたっぷりとかけたものにピンクペッパーをぱらり。ご飯ものはシーフードピラフ。他はアヒージョと、野菜×チーズのディップ。そしてれんこんとキノコのペペロンチーノ。おいしいワインを心ゆくまで味わいました。

大切なお友だちが来てくれたときのおもてなし。メインはパエリア。唐揚げは塩唐揚げに。アボカドサーモンタルタルに大豆のフムスには地元野菜がたっぷり。他はナスとズッキーニのミートグリルとトマトのマリネ。デザートはチーズタルトのベリーのせ。1年に1回しか会えないけどいつ会ってもいつものあの頃の私たちになる、幸せ時間でした。

PROFILE DATA

▼住まい、年代、仕事、家族、趣味特技

北海道／専業主婦／夫、自分、長女14歳、次女12歳、三女10歳／パーティーのテーブルコーディネートやキャラ弁作り

▼好きな家事

常備菜作り。鶏むね肉の紅茶煮と、ラザニアは子どもたちが大好き。常備菜にもおもてなしにも。自分が好きなのはミートソースとデミグラスソース。アレンジがきくのでたくさん作っていろいろなメニューに変化させています。

▼今後チャレンジしていきたい献立

ビーガンレシピなど身体にやさしいレシピ。

▼手を抜いているところときちんとやっているところ

お出汁は普段は「茅乃舎」の出汁を使っていますが、ここぞ、というときは昆布と削り節でしっかりお出汁をとります。

▼日常の中でのちょっとした楽しみ

夜のお酒。家事など全て終わらせてから主人と呑む時間。何よりリラックスできる時間です。

▼日常の中での幸せ

家族みんなで夕食をとるために早い時間からキッチンに立って準備しているときにすごく幸せを感じます。

▼日常でのストレスと解消方法

予定がたて込んでいる時ストレスを感じます。ドライブや買い物、常備菜作りでストレス発散！　たくさん仕上がった料理を並べると爽快な気持ちになります。

45

さゆりんさん

sayurin

私の料理は主人に育ててもらいました

長崎・佐世保の「レモンステーキ」。薄切り牛肉をよく熱した鉄板の上に敷き、醤油ベースのレモンバターソースをかけてレアの状態で供される名物料理です。長崎で食べたレモンステーキの味が忘れられず、おうちで再現してみました。外食でおいしいものに出会ったときは、舌に記憶させ、近い味を再現します。

Instagram「@ryosayu」（料理アカウント）
「@ryosayu9494」（ボディメイク、ファッション）

家族みんなに人気のハンバーグ。スキレットで熱々をそのまま食卓に出すので、最後まで冷めずに食べられます。ハンバーグの中にはとろけるチーズが仕込んであります。こってりデミグラスソースでご飯がすすむ味。結構なボリュームでしたが、高校生スイマーの息子はペロリでした。

久しぶりにパンを焼き、ミニバーガーをたくさん作りました。大人なら、ふた口で食べられるサイズ。パンを1個20グラムの生地にすると、冷凍のお弁当ハンバーグにぴったりの大きさに。下の子は7個たいらげました（笑）。

料理は手作りを心がけています。例えば、ドレッシングやジャム、ラー油などの調味料、またスイーツなどもできるだけホームメイドしています。料理はどんなに年を取っても体が動く限り、続けられる趣味です。素材の組み合わせ、自分の発想次第で無限の可能性があると思います。

メニューを考えることも楽しいです。Instagramは、私にとって自己表現の場でもあるので、盛り付けや食器のセレクト、テーブルコーディネートに至るまで、実際に食べる家族はもちろんのこと、見てくれる人にも楽しんでもらえるよう頑張っています。

料理好きになったのは、今の主人とお付き合いしているときにカレーを振る舞い、とてもおいしいと言ってもらえたのがきっかけ。おいしいときは大げさなくらいほめてくれるので、私の料理は、主人に育ててもらったと思っています。

そして母の影響が大きいです。結婚して毎日食事作りをするうちに、食の大切さを実感しました。嫁いで、煮物などの母の味が恋しくなり、自分も子どもが家を離れるときに懐かしく思い出してほしいという思いで、愛情を込めて作っています。

つくねが大好きです

私も、下の子も大好きな鶏のつくねです。ビールにもぴったり。バーナーであぶって、ちょっと香ばしく仕上げます。トッピングを変えるだけでいろいろ楽しめるのが、おウチつくねのいいところです。

食べ盛りがふたりいるので、ボリュームもあり、品数豊富で栄養をしっかりとれる献立作りにつとめています。

タレをつけて焼いたあと、大葉、七味大根、明太マヨ、チーズをのせて4種類の味を楽しめるようにしました。バラエティつくね／冷製かぼちゃスープ／かぼちゃのグラタン／彩りサラダ／味噌汁／サツマイモのレモン煮／あぶりタラコ乗せおにぎり／枝豆／フルーツカクテル

バラエティつくね。タレと塩味の2種類あります。メニューは、棒棒鶏／生ハムの彩りサラダ／とうもろこし、海老、ゴーヤ卵、じゃがいもの煮っころがし／あぶり明太子ご飯／ナタデココとマンゴーゼリー

PROFILE DATA

▼住まい、年代、仕事、家族、趣味特技

福岡県／専業主婦／夫、自分、長男16歳、次男8歳／自宅トレーニングで身体を鍛えること（実はシックスパックです）

▼好きな家事

料理

▼苦手な料理

魚をさばくのが苦手です。

▼手を抜いているところときちんとやっているところ

朝食や普段のお弁当は思いっきり手を抜いています。夕食に関しては、栄養バランスを考えきちんと作っています。運動会などの行事のお弁当もリクエストを募り、希望に沿ったものを作ります。

▼挑戦したい、やりたいこと

自家製酵母を使ったパンを焼けるようになりたいです。

▼日常の中での幸せ

家族での外食や旅行。あまりケチケチ節約せず、必要と思われることには思い切ってお金を使っています。

▼忙しいとき

朝家族を送り出すとき、バタバタしてしまいます。これを乗り越えれば、おひとりさま時間が待っていると思い、なんとか乗り切っています。

▼自分を磨くためにやっていること

自宅で体を鍛えること。スクワット100回。腹筋2セット。ダンベルひねり100回、脚パカ50回を毎日継続。

ベーコン菜っぱ炒めでおにぎり。塩コショウでただ炒めただけ。

46

Tesshiさん

Tesshi

普通の食材を見映えよく、シンプルにおいしく

Instagram「@tmytsm」

左／梅干し天かす大葉おにぎり。天かすはめんつゆにつけてから。　中／スモークサーモンきゅうりクリームチーズマヨの酢飯おにぎり。イメージしたのはお寿司。　右／明太子イタリア菜花しらす炒めでおにぎり。イタリア菜花は、日本の菜花より歯応えがあって味は同じ感じ。炒めてさらにしゃきしゃきに。

普通の地味な食材を何とか見栄えよく、シンプルな味付けで作るようにしています。

息子たちが大学進学を機に家からいなくなり、夫とふたり暮らし、夫のためだけにご飯を作る気になれずかなり行き詰まっていました。それとは別で、次男の受験が終わったら自分のためにお金と時間をかけず英語をやれないかなーと思っていて、それで何となくInstagramのアカウントを作ってみました。でも英語をやるために投稿する画像がさっぱり思い浮かばず……ちょうど料理も行き詰まってるし、作った食べ物でも投稿してみるかー。こんな感じで現在に至っています。Instagramのおかげで何とかご飯作りも続けることができています。

トレーラー運転手の夫が毎日仕事に持って行くので、全部片手でおかずとご飯が食べられるよう混ぜ込みおにぎりにしています。

卵料理が好きなのでつい多くなります

おしゃれで珍しい食材じゃなく、普通のものを普通に調理することが日課です。卵が大好きなので、卵料理が多くなってしまいます。料理家では、ケンタロウさんとジェイミー・オリバーの料理がとにかく大好きで、参考にしています。家族が男ばっかりになってしまったので（女児生まれず）、男性の作る料理はすごく参考になります。

オムレツホットサンド。オムレツと言う名のスクランブルエッグを挟んで焼くだけ。

昨日の残りのポテサラと、チェダーチーズたっぷりで。魚焼きグリルで焼ける「グリルホットサンドメッシュ」で焼いています。

カレー味のポテトサラダ。ジャガイモは、キタアカリ。「ハニーベイクドハム」入り。

具だくさんのハヤシライス。グリルしてのせた野菜は、全部近所の老紳士からの頂きもの。

PROFILE DATA

▼住まい、年代、仕事、家族、趣味特技

愛知県岡崎市／40代／パートタイムジョブ保育士／夫、自分（離れて暮らす長男24歳、次男22歳）／Instagramで世界旅行&英語のお勉強。

▼好きな家事

簡単なご飯作り。

▼苦手な料理

揚げ物。充満する匂い、飛び散る油との戦い、後片付け……ぐったりです。

▼自分の家事で変わっているところ

魚焼きグリルで何でも調理します。ステーキも焼き野菜も。揚げ物の再生も朝のパンも。

▼手を抜いているところときちんとやっているところ

麺つゆやカンタン酢など便利な調味料は頻繁に使います。きちんとやっているのは……食材選び。安心安全な地元の食材をなるべく使うようにしています。

▼今後チャレンジしていきたいメニュー

天然酵母でパン作り。

▼日常の中でのちょっとした楽しみ

自分だけのために大好きなチョコレートをこっそり取り寄せたりしています。

▼日常の中での幸せ

ご飯がおいしく作れたとき。

▼自分を磨くためにやっていること

海外の普段の生活や食事を知りたいので、Instagramで交流して英語を頑張っています。

47

hiroyoさん

hiroyo

作ることが好き。おいしい節約料理を楽しく作りたい

麺つゆで作る簡単あんかけの和風オムライス、おいしかった！　和風あんかけオムライス（COOKPAD：1407128）／オクラと梅の冷製スープ／マカロニサラダ／ピオーネ

Instagram「@hiroyo.1229」

カオマンガイ（海南鶏飯）。炊飯器におまかせの簡単メニュー。COOKPADのIDは1461192です。アレンジが効いて、ヘルシーな鶏肉料理が好きです。

アスパラまるごと豚つくね／キムチにら入り玉子焼き／ゴーヤおひたし／豆腐のネギ胡麻油たれ／ほうれん草のかき玉汁。

料理はアレンジが無限大。得意なほうではないですが、大好きです。子どもの頃から何かを創作することが好きでした。最近は特に健康に気遣ってバランスを考えたメニューを作り置くようになりました。なるべく野菜がとれる、簡単でおいしい節約料理を心掛けています。

1カ月分の食費を決めてなるべくその中でまかなうよう心掛けています。あまり高い食材は買いません。ひとつの食材で何種類かの料理を作り、2、3日分の作り置きや、お弁当用に冷凍保存したりしています。

また、献立（作り置き）は1週間分を考え、食材はまとめて買い物します。冷蔵庫に残ってる食材から献立を考えることも多いです。これからも新しいメニューにどんどんチャレンジしていきたいと思っています。

キンパ／粕汁／焼き椎茸ゆず胡椒おろし／ほうれん草お浸し

キンパと粕汁で晩ご飯

冬は粕汁が温まります。

キンパは韓国ののり巻きで、玉子焼きとビビンパにのっているような具材を、少量のごま油を混ぜたご飯で巻いてます。好きな韓国料理のひとつです。具材を入れ過ぎて巻くときに失敗しそうになりました。器が料理を引き立ててくれてます。

大葉巻き車麩の照り焼き

車麩の照り焼き、ヘルシー料理なので、いくら食べても罪悪感なしです。なかなかおいしい。レシピサイト「Nadia」のレシピです。

残り物のなめ茸をご飯にのせて。温泉卵をのせたら、さらにおいしくなりました。

大葉巻き車麩の照り焼き／さつま芋とクリームチーズのサラダ／具沢山お味噌汁／なめ茸温玉のっけ丼／みかん

作り方を変えたらおいしくなった豚汁

今回の豚汁、最高でした！ 作り方を少し変えただけなのに、コクの出方って変わるものなんですね。最初にごぼうを香ばしく炒めることがポイント、というCOOKPADのID2589854を真似して作ったんです。このレシピおいしい！

まだまだ私は料理の知識が浅いと、つくづく感じました。

豚汁／塩昆布の炊き込みご飯／だし巻き／きんぴらごぼう／豆苗ナムル

PROFILE DATA

▼住まい、年代、仕事、家族、趣味

関西／会社員／ひとり暮らし／料理、ジム、映画鑑賞、旅行、インテリア

▼手を抜いているところときちんとやっているところ

仕事の日は作り置きを並べて、なるべく何もしなくていいように楽をしている。食材を余らさないように献立を考えている。

▼料理がおっくうになるとき

仕事が忙しいとき、帰りが遅いとき

▼チャレンジしたいこと

ミニマムな生活。また、作ったことのない料理はなんでもチャレンジしてみたい。

▼日常の中でのちょっとした楽しみ

食後のコーヒー。

▼日常の中での幸せ

おいしいものを食べているとき。好きな映画を見ているとき。

▼日常でのストレスと解消方法

仕事が忙しいとき。ジムで汗をかいてストレス発散。

▼時間がないとき

1日にやりたいことがたくさん重なったとき。なるべく1日のスケジュール（時間配分を）考えて行動。

▼自分を磨くためにやっていること

食生活に気をつけ（暴飲暴食はしない、バランスよいメニューを考える）、運動をすること。

48

母熊さん

habakuma

夫の「うん、うまい！」が聞きたくて

簡単、おいしい「レンチン鶏照り焼き」。①鶏モモ肉1枚は余分な脂を取り除き、筋切りしてビニールへ。②調味料（砂糖大さじ1.5、みりん大さじ1.5、醤油大さじ3）をビニールに入れてもみもみして一晩寝かせる。③レンチン容器、もしくはお皿に、調味液ごと皮目を下にした肉を入れてラップをふんわりかけ600Wで8分加熱。途中4分で裏返す。

「お昼が楽しみになるお弁当」
Instagram「@rosso___」

料理が好きです。家庭の料理は、家族を思い細かい部分にも対応できる、まさにオーダーメイド、世界でただひとつの自分と家族のためだけのものですから。

夫から「うん、うまい！」が聞けるよう（24年も連れ添って来たのにいつ聞けるかわからない。しょっちゅうでもなく、かなりレアというほどでもありません）、よい食材を選び、それをうまく生かした料理を作れるよう工夫しています。

あまり器用に動けるほうではないので、なるべく「ついで」にやってしまうことがマイルール。材料を切る「ついで」にたくさん切っておく（人参の千切りはサラダに重宝）。買った食材を冷蔵庫にしまう「ついで」に、下味をつけておく（肉は小分けして冷凍庫に。週の後半にも使える）。ひとつの野菜を湯がいた「ついで」に、他の野菜も茹でる（数種類の野菜をいちど沸かした湯で次々に湯がいて、保存容器にストック。おひたしも胡麻和えも味噌汁もすぐにできます）。後から少し得するのが楽しくて、癖になります。

そして「時間はかかるが手はかけない」料理が得意です。肉や魚を漬けこむことや、煮込み料理、レンジやオーブン料理など、手をかけなくてもおいしくなる料理が普段の生活サイクルの中に定着しています。

「大葉とキムチの肉巻き」がメイン。食べたら豚キムチです。豚バラ3枚ほど並べて、大葉を並べて置き、キムチも肉に添って平らに置いていき、渦巻きになるよう巻きました。

お昼が楽しみになるお弁当

子どもたちに「お弁当タイムを楽しみにしてほしい」という願いを込めて「#お昼が楽しみになるお弁当」とタグをつけてInstagramにアップしたら、たくさんの方に愛されて今では13万を超えるタグに育ちました。

子どもが巣立った今は、自分のサラリーウーマン生活へのエールを込めてお弁当を作っています。

「あるモノ丼」上から、きゅうりの佃煮／トウモロコシ／紫キャベツのソース炒め／鶏皮カリサク揚げ／スクエア玉子焼き／枝豆／ブルーベリー／れんこん甘酢漬け

好評だった春雨サラダ

私は酸っぱいものがあまり得意じゃないのですが、こちらは加熱していることもあり、かなり丸い仕上がり。汁が出ないので、お弁当にも重宝ですし、味がしっかり春雨に入っているのでおかずにも。

【材料】緑豆春雨30g、木くらげ乾燥5g、にんじん30g、ハム2枚、薄焼き卵1個分（塩ひとつまみ）、ひたし豆50g、すりごま大さじ2、調味料（砂糖大さじ2、しょうゆ大さじ2、酢大さじ2、ごま油大さじ1、中華だし小さじ1）、水120㎖

【作り方】①木くらげは水に戻して千切り、ハム、人参も千切りにする。②薄焼き卵は塩ひとつまみで味付けをして焼き、千切りにする。③鍋に水と調味料を入れて沸騰させ、乾燥したままの春雨、木くらげ、人参を入れたら中火で所定の時間（5分ほど）煮る。④火を止める前にハムを入れてざっと混ぜ、ひと煮立ちさせる。火を止めて蓋をしてそのまま粗熱が取れるまで蒸らしながら置く。←ここで春雨がすっかり吸水してくれる。⑤最後に豆とすりごまを混ぜて冷やし、食べる直前に卵を混ぜます。盛り付けたら炒りごまを振ってできあがり。

「#母熊の春雨サラダ」Instagramでは作ってくださった方がたくさん。500件以上のハッシュタグがついているレシピです。

PROFILE DATA

▼住まい、年代、仕事、家族、趣味
埼玉県／アラフィフ／会社員（製造業の事務職）／3人の子が巣立った現在は、夫、私、時々実母の2〜3人家族／料理、毎日のウォーキング、週1回の英会話、お買い物、オペラ鑑賞

▼好きな家事
料理

▼苦手な家事
整理整頓

▼手を抜いているところときちんとやっているところ
冷凍庫の整理整頓は課題ですが、食生活はきちんと。バランスの良い食事のために、いつでも数品目以上の作り置きが冷蔵庫に入っています。

▼食についてのこだわり
食材の安全性。つい2、3年前までは食べ盛りの年子の男子がいて、エンゲル係数がものすごく高く、大変でした。ピーク時は30kgの米を月に3回買うほど。その頃も、国産食材を使う、原材料表示をきちんと見るなど、納得できる食材を使っていました。今は大人だけの生活なので、生活クラブ生協などで少量でも良いものを購入。夫の実家の米や畑の野菜も食卓には欠かせない大切な安心食材です。

49

icchiさん

icchi

子どもたちの笑顔で私もほっこり

Instagram「@inamorim」（日々の暮らし）
「@icchi0426」（ハンドメイド作家の日々）

ひとりだけおっちゃんがいます。削り節ととろろ昆布、お豆とゴマで。

私の中ではトイプードルのつもりが……娘に「チューバッカ？」と（涙）。

ときどき「顔おむすび」を作ります。子どもたちが喜んでくれますし、その笑顔を見ると私もほっこりできます。作っているときはどんな盛り付けにするか、どんな顔にするかと考えながらやるのが楽しいです。

その日の気分や、子どもたちからのリクエストによって献立を決めることが多いですが、食べてくれる人が喜んでくれる盛り付けにするよう心掛けています。家族に作ったご飯を褒められたり、おかわりある？って言われたときは本当に嬉しいです。

家族みんなが健康であってこその幸せなので、おいしいご飯を作ってあげて、安心して過ごせるようにおうちを整えています。

パフェは子どもたちのテンションが上がります

やっぱりパフェを作ってあげると子どもたち、テンションが上がります。どんなに具合悪くても、どんなにお腹いっぱいでも、アイスだけは食べられるそうです。ストロベリーアイスパフェ、子どもたち「ウマ！ ウマ！」って食べてました。

別の日は、東京蚤の市で出会った、チェコのビンテージグラスでパフェ。アイスクリーム用に作られただけあって、溶け落ちたアイスクリームをキャッチできるようになっているんです！ 冷凍フルーツとグラノーラとコストコで買ったワッフルも入れて、娘に、はちみつをたらりんしてもらい、パチリ。ポタッと落ちたはちみつをさっそく受け皿がキャッチしてくれました。

上／チェコのビンテージグラスでパフェ。左／アイスはレディボーデン！ 丸いのはサックサクのオカキ「十火JUKKA」。和三盆と苺味。

娘とふたりでおうちランチ

昨日は娘とふたりでおうちランチ。野菜が苦手な娘にこのメニュー（笑）。なるべくたくさんの食材を取り入れるように気をつけています。オシャレなものや難しい料理は作れないのですが、自分なりに楽しみつつ、ちょっとでも毎日が豊かになるといいなぁって思っています。

たくさんの食材を取れるように。

PROFILE DATA

▼住まい、年代、仕事、家族、趣味
神奈川県／40代／生活雑貨店のパート／夫、自分、長女13歳、長男11歳／針仕事、器や台所道具のお店やカフェ巡り

▼好きな家事
日々のおやつ作りと、時々作る顔おむすび。

▼苦手な家事
お風呂掃除。

▼日常の中での幸せ
夫と子どもたちがじゃれている姿を見ているときはニヤニヤしながら幸せな気持ちになります。

▼日常でのストレスと解消方法
子どもたちが家を散らかし、イライラすることもありますが、子どもにとっては家を散らかすことも遊びのひとつだと楽観的に考えるようにしています。

▼忙しいとき
目先のことをひとつずつクリアしていって、何とかなるさ、と完璧にしないようにしています。

▼自分を磨くためにやっていること
針仕事。子どもの頃から続けている趣味でもあるのでおばあちゃんになっても続けたいです。

私の針仕事の作業スペースです。

ラウンドパンとカレースープ。

50

kaoriさん

kaori

カフェの料理や盛り付けを参考にしています

Instagram「@hirakao.0305」

野菜が多めのバランスの良い食事になるように心がけています。カフェが好きなのでおいしかった料理や盛り付けを自分なりに真似することも。

いちどに何品も作るのは大変なので時間のあるときに作り置きをしています。肉ばかりが続かないようになるべく魚と交互にすることに気をつけています。

ワンプレートのふたりランチ。

ワンプレートの朝ご飯。豆腐ハンバーグ。豆腐が入ってることは息子には内緒。

ひき割り納豆の朝ご飯

お茶でいいやと思ったけど、息子のリクエストでお味噌汁を作りました。普段は前日の残り。味噌汁は野菜もたくさん取れていいですよね。

今年は初めてお味噌を仕込みました。時間をかけておいしくなっていくのが楽しみです。

ひき割り納豆の朝ご飯

ベーコンエッグ丼

とりあえずご飯にのせておけばラクラクのベーコンエッグ丼です。

ベーコンエッグ丼などのっけ丼は作り置きおかずや時間がないときに作ります。洗い物も少なくて一石二鳥です。

他には残りのお刺身や納豆、とろろ、しらすなどを一緒にのせた丼も家族に人気です。

丼は簡単に食べられるのがいいですね。

目玉焼きはポン酢派です。

海苔巻きは家族が大好物

家族みんなお寿司が好きなので、海苔巻きは喜んでくれます。海苔巻きは、先日見た「ためしてガッテン」の通りに、巻きすを使わず手前から海苔ごとぐるぐる巻いていき、クッキングシートで包んで締めました。今まででいちばん上手にできました!

ミニ海鮮丼の朝ご飯。

残った海苔巻きで朝ご飯。

PROFILE DATA

▼住まい、年代、仕事、家族、趣味
愛知県/40代/専業主婦/夫、自分、長男5歳/カフェ巡り

▼チャレンジしていきたい料理
オーブンを使った料理をあまりしないので、息子の喜ぶメニューを作りたいです。あと作り置きのレパートリーを増やしたいです。

▼手を抜いているところ、ここはきちんとやっているところ
いちどに何品も作るのは大変なので時間のある時に作り置きを2、3品作ります。夕飯はメイン料理に作り置きを合わせる感じです。

▼日常の中でのちょっとした楽しみ
昼食後のコーヒータイムが1日の楽しみです。好きなお菓子と一緒に。

▼日常の中での幸せ
休日に家族でお出かけしたときに幸せを感じます。子どもがまだ小さいので子ども中心ですが。疲れて帰宅したときにすぐに支度できるように平日に作り置きや掃除を済ませるようにしています。

▼日常でのストレスと解消方法
忙しくて家事が思うようにできないときにストレスを感じます。もちろん子育ても(笑)。ストレス解消法は、ひとり時間にゆっくりとコーヒーを飲むことです。

▼忙しいとき
予定が立て続けにあるときや、帰りが遅くなることがあります。そういうときは前もって何日か分の献立を決めておいたり、作り置きで乗り切ります。

51

まいちくさん
maichiku

おいしいご飯のために買い物から楽しんでいます

姉妹弁当。肉巻きおにぎり／カラーピーマンのツナマリネ／味玉／カブの浅漬け／花ウインナー／キウイフルーツ

Instagram「@maichiku3」

今日の姉妹弁当と自分弁当。鮭とシャキシャキいんげんのおにぎり／唐揚げ／玉子焼き／紫キャベツのナムル／プチトマト／大学かぼちゃ

今日のお弁当。おにぎり2種／野菜肉巻き／白菜とかぶの浅漬け／玉子焼き／海老揚げ／帆立揚げ

今日の姉妹弁当。ささみチーズフライ／すり蓮根揚げ甘酢あん／@mayumi_photo まゆみちゃんの#巻きすでハートの玉子焼き／紅芯大根浅漬け／柿／りんご

おいしいご飯を家族に食べてもらいたいので、旬の食材を使って季節を楽しみながら料理しています。料理が好きなので買い物を含め、全ての準備は楽しみな家事です。

結婚、出産を経て、自分・夫のために作るご飯から家族に作るご飯に変化しました。〝家族においしいものを食べさせたい精神〟は料理上手な母から譲り受けています。

フルタイムで働いているので多忙な毎日を送っていますが、家族の体を作るものなので安全で質の良い食材を探す労力は惜しみません。

以前は献立を考えてから必要な食材を購入していましたが、子どもが生まれてからはおいしい旬の食材を取り入れるため、食材を先に購入して家族のリクエストや体調に合わせて献立を考えるようになりました。

娘達のお弁当は休みの日に作ってストックし、ほぼ詰めるだけのお弁当です。慣れるまで少し大変ですが朝の時短に繋がるので時間が許す限り作るようにしています。お弁当作りもおうちご飯作りもできる時にできる事だけをモットーに無理のないように自分で決めて楽しむようにしています。

作り置きの記録

この日はゆっくり作ったので3時間くらいかかりました。たくさん作り過ぎて玉子焼きとハンバーグが写真に収まらず……。我が家はこんなにたくさん作っても3～4日ほどでなくなってしまう食べ盛り家族です。まとめておかずを作るのは達成感があります。

母熊の渋皮煮（Instagram @rosso___ 母熊ちゃんレシピ）／おでん／メンチカツ／甘塩鮭焼き／豚肉と大根甘辛煮／なすのボートグラタン 下ごしらえ／豚肉ときのこのトマト煮 タコライスソース仕上げ／ヘタ取りプチトマト／スチームブロッコリー／紅芯大根 浅漬け／紅芯大根 甘酢漬け／カットレモン／シャウエッセンとししとうバターケチャップ／塩茹で枝豆／ぶどう／キャロットラペ／洗い大葉／蛇腹きゅうりの浅漬け／アジタマン／アスパラ肉巻き／蓮根チップスカレー味／カボサラ／塩茹でオクラ／紫キャベツナムル

家族に大人気のドライカレー

この日の姉妹弁当は、得意のドライカレーです。旬の野菜がたくさん入っています。わっぱのお弁当だと、ドライカレーを入れても娘達に油染みの事などでいろいろ気を遣わせてしまうので、この日は100円ショップで購入した、使い捨て容器を使いました。自分弁当は母から持たされたおいなりさん。副菜には作り置きをいろいろと。

この日はスプーンを入れ忘れました……。

食べればオムライスにぎり

ピーマンとウインナーのケチャップライスにバターを効かせたスクランブルエッグを混ぜておにぎりに。お米は固めが好みなので固めに炊いています。握るのはよく冷ましてからポリ手袋をして握っています。ラップよりはいい感じに握れますよ！　この日の『食べればオムライスにぎり』、家族にも大好評でいくらでも食べられるおにぎりでした。

ポリ手袋をして握ると握りやすいです。

PROFILE DATA

▼住まい、年代、仕事、家族、趣味特技
神奈川県／40代／会社員／夫、自分、長女17歳、次女13歳、愛犬ココ♀4歳／食べ歩き

▼好きな家事
料理

▼苦手な家事
掃除はやりますが好きではないです（笑）。フルタイムで働いているので十分に時間が取れず、何をしても不完全燃焼に終わってしまうからです。

▼チャレンジしていきたい料理
タイ料理全般

▼手を抜いているところときちんとやっているところ
作り置きで作るお弁当はほぼ詰めるだけなので、手抜き時短家事だと思います。でもそれを完成させるための作り置きはきちんとやっています。

▼日常の中でのちょっとした楽しみ
仕事、家事から解放された夜にお酒を飲むのが楽しみです。

▼日常の中での幸せ
子どもたちが成長し、家族がなかなか揃わない中、家族が揃う食卓はとても幸せです。みんなで楽しめるメニューを考えます。夏は焼肉や手巻き寿司、冬は鍋、タコパーなど。

▼日常でのストレスと解消方法
やりたい家事が完遂しないときなど。時間が取れるときに断捨離してスッキリします（笑）。

52

はらぺこさん

harapeko

ほっこりした「おかんの味」を増やしたいです

娘の大好物の焼き鮭入りカス汁。栄養満点、具だくさんでバランスの取れた一品。大鍋で作って2〜3日味が染みてくるにつれてコクが出てとてもおいしいです。冬場はフードジャーに入れて持たすとこれだけでポッカポカに……。お友達にも大好評で、わざわざ遊びがてら食べに来てくれます。

Instagram「@n.harapeko」

タケノコのキーマカレー。タケノコをたくさん入れて作ったらゴロゴロ食感がすごくおいしくて週1ペースで作って食べても食べ飽きない。家族皆がハマったカレー。

お弁当は、残り物で自分の分も作ってみる。時間が経ってもおいしいか食べてみることも大事。

家族の健康を担っている主婦として、育ち盛りの子ども達と、歳を感じ始めてきた自分たちの栄養バランスに気を付けながら、なるべく旬の食材を使って、肉ばかりではなく野菜が多めのおかずをとるように心がけています。

手の込んだものは作れませんが「これが食べたかってん！」って言ってもらえるような、ほっこりしたおかんの味を増やしたいです。

子どもたちが大学生になると、友達と外で食べてくることも多くなり、段々と家族で食卓を囲むことも少なくなりました。気が乗らないときや疲れているときには、無理にご飯を作らず、お惣菜やインスタント、外食という手抜き手段を使うことでずいぶんと気楽になりました。

さつまいもの消費に

これまでさつまいもを煮物にすることはなかったのですが、ぶた肉と一緒に、甘辛の炒め煮にしたことでぶたのコクがさつまいもにからみ、よい味になりました。甘辛&ホクホク感がとてもおいしく、ご飯がススムススム……。

娘のお弁当用に作ってみたら大好評だったのでそれ以来うちの定番メニューになってます。

くるくる巻きおいなりさん

「くるくる巻きおいなりさん」はInstagramで仲良くさせてもらっているお友達に教わりました。おあげさん1枚を開いて、のりと一緒にくるくると巻くだけで見た目もかわいくて娘に大好評でした。ひとくちサイズで食べやすかったようです。唐揚げは、九州の「蔵工房」さんのかぼす醤油に漬けてから揚げてます。

サーモンフライ／さつま芋と豚肉の甘辛炒め煮／厚揚げと鶏肉の煮物／ツナとトマトのパスタ／アスパラ菜のおかか和え／紫キャベツととうもろこしのナムル／ご飯と梅干し

くるくる巻きおいなりさん（ご飯には鮭フレークと胡麻）／かぼす醤油で漬けた唐揚げ／生姜のだし巻き卵／野菜のガーリック炒め／ささみとごぼうのサラダ／飾り切り人参の出汁煮

お箸袋作りました

お箸袋を作ろう！　と思い、ひもがなかったので近くの100円ショップに行くと、かわいい布もたくさん売ってる！　思わず大人買いして作ること1時間半、10袋できあがりました。娘に「そんなに作ってどないするん」って言われちゃった。お弁当グッズがたくさんあるとお弁当作りも楽しくなります。

かわいい布で、お箸袋を作りました。

PROFILE DATA

▼住まい、年代、仕事、家族、趣味特技
大阪府／40代／自営業／夫、長男（22歳）、長女（20歳）／料理、手芸

▼今後チャレンジしたいこと
子どもが小さい頃はいろいろ作ったりもしていましたが、長らくご無沙汰しているので、また簡単な物からチャレンジしていきたいです。

▼日常でのストレスと解消方法
私の場合は「家＝仕事場」。仕事場に長い間いるとストレスになるので週にいちど休みの日には、家から出る（外の空気を吸う）ことで気分転換になり、また頑張ろう！　と家事に意欲も湧いてきます。自分のホッとする時間が重要！

▼忙しいとき
必ずやらなければいけないことを前日の夜にメモしておくとイライラしなくてすむ。

▼自分を磨くためにやっていること
子どもたちが長い休みに入るとお弁当作りの時間が空くが、だからといって寝坊するのではなく同じ時間に起きる。毎日1カ所掃除をしたり読書をしたり、勉強したりと時間を有効に使うことで自分にプラスになり、自分の成長にもなると思うので、これからも引き続きコツコツと続けていきたい。

お問い合わせ

本書に関するご質問や正誤表については下記のWebサイトをご参照ください。

刊行物Q&A
http://www.shoeisha.co.jp/book/qa/
正誤表
http://www.shoeisha.co.jp/book/errata/

インターネットをご利用でない場合は、FAXまたは郵便にて、下記までお問い合わせください。

〒160-0006 東京都新宿区舟町5
FAX番号 03-5362-3818
宛先
（株）翔泳社 愛読者サービスセンター

電話でのご質問はお受けしておりません。

※本書に記載された情報は、各著者のInstagram、ブログ掲載時点のものです。情報、URL等は予告なく変更される場合があります。
※本書の出版にあたっては正確な記述につとめましたが、著者や出版社などのいずれも、本書の内容に対してなんらかの保証をするものではありません。
※本書掲載の製品はすべて各著者の私物です。現在入手できないものや、各メーカーの推奨する使用方法ではない場合があります。同様の方法をお試しになる場合は、各メーカーによる注意事項をお確かめの上、自己の責任において行ってください。
※本書に記載されている会社名、製品名はそれぞれ各社の商標および登録商標です。

装丁デザイン	米倉 英弘（細山田デザイン事務所）
DTP制作	杉江 耕平
編集	伊藤 彩野（MOSH books／P.2～3、P.8～17）、須田 結加利、本田 麻湖

みんなの家事日記
これからの、シンプルで丁寧な暮らし方。

2017年12月19日　初版第1刷発行
2018年 2月20日　初版第2刷発行

編者	みんなの日記編集部
発行人	佐々木 幹夫
発行所	株式会社 翔泳社（http://www.shoeisha.co.jp）
印刷・製本	株式会社 シナノ

ISBN978-4-7981-5511-1　Printed in Japan